― 増補改訂版 ―

小倉ゆき子の
リボン刺しゅうの
基礎BOOK

日本ヴォーグ社

はじめに

リボン刺しゅうは、かつて18～19世紀にヨーロッパの貴族人たちの
衣装や身の廻りを美しく飾っていたということです。
今この本でご紹介する新しいリボン刺しゅうは、
当時のリボンとは素材も幅なども異なります。
それにより、リボンの素材や幅などに合ったステッチで刺すことで
表現や楽しさが大きく広がります。
そのリボンでの新しいステッチも種々考案してきました。
この本では、布の上でのステッチの針運びが同じようなステッチを
まとめて5つのグループにわけました。
ステッチは同じでも素材や幅の違いでそれぞれのリボンに適した大きさがあり、
又リボンの引き加減で表情も変わります。
それぞれのステッチを利用した応用作品も加わりました。
ステッチのサンプルを参考に、図案に適したステッチを組み合わせて
楽しい作品づくりをなさって下さい。
お楽しみいただける事を心より願っております。

小倉ゆき子

本書は、2014年に発行の『小倉ゆき子のリボン刺しゅうの基礎BOOK』の増補改訂版として、
新しいステッチを2種、小物作品を新たに10点加えて充実させた、リボン刺しゅうの決定版です。

この本に掲載のすべてのリボンはMOKUBAの商品を使用しています。
お問い合わせは、株式会社 木馬　〒111-8518　東京都台東区蔵前4-16-8
Tel.03-3861-2637　Fax.03-3864-1265（9:00～12:00、13:00～17:30 土日祝休）までお願いします。

この本に関するご質問は、お電話またはWEBで
書名／増補改訂版 小倉ゆき子のリボン刺しゅうの基礎BOOK
本のコード／NV70561　担当／佐伯
Tel:03-3383-0765（平日13:00～17:00受付）
Webサイト「手づくりタウン」　https://www.tezukuritown.com
サイト内"お問い合わせ"からお入りください（終日受付）。

Contents 小倉ゆき子のリボン刺しゅうの基礎BOOK

用具と材料

用具提供／クロバー

1…トレーサー

図案を写すときに使います。硬い鉛筆や書けなくなったボールペンなどで代用してもよいでしょう。

2…アイロンチャコペン〈白〉

濃い色の布に図案を書くときに使います。

3…チャコペン

布に直接図案を書くときに使います。

4…チャコペーパー

図案を刺しゅう布に写すときに使用します。チャコが片面についていて、水で消えるタイプのものが便利です。

5…糸切りハサミ

先がとがっていてよく切れるものがよいでしょう。

6…スレダー

リボンや刺しゅう糸が針穴に通しにくいときに使います。

7…25番刺しゅう糸

リボン刺しゅうのアクセントに使います。(→62ページ)

8…5番刺しゅう糸

リボン刺しゅうのアクセントに使います。(→62ページ)

9…リボン刺しゅう針

リボン刺しゅうは先のとがったシェニール針で刺しますが、セーターなどに刺すときやリボンをすくうステッチを使うときは先の丸い針を使います。針の太さは刺す布やステッチ、リボンの幅によって使いわけ、また刺してみて刺しにくかったり、リボンが抜きにくかったら針を取りかえてみましょう。

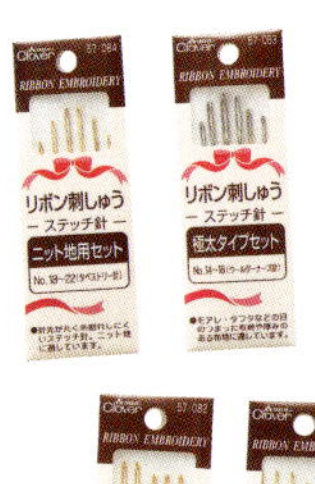

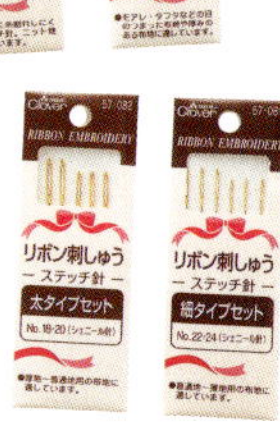

●使用頻度の高い針（実物大）

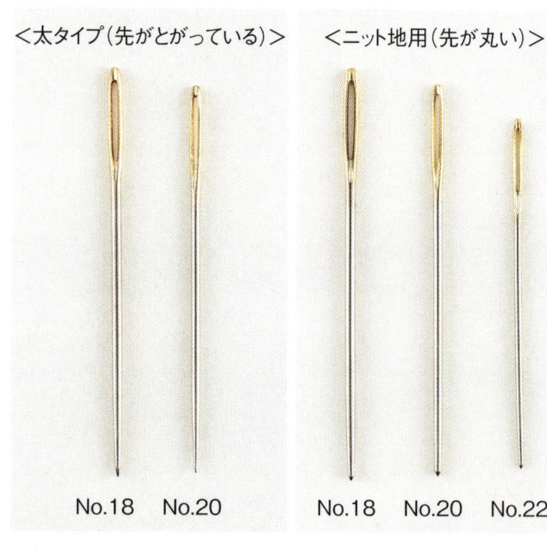

10…刺しゅうリボン

種類、幅、色も豊富にありますので、布や図案、デザインによって選びましょう。この本のステッチは実物大で掲載していますので、リボンの幅や質感、ステッチしたときの大きさの違いを参考にしてください。(すべてER=5m巻き)

A. No.1547-4mm／シルクならではの柔らかさとしなやかさのあるリボンです。繊細なステッチに向きます。 B. No.1540-3.5mm、7mm／かなりのステッチが可能です。刺しやすく基本となるリボンです。 C. No.1545／ラメの入ったリボンです。硬めに見えますが、やわらかく刺しやすいです。 D. No.1541／幅は細いですが、ハリとツヤのある少し硬めのリボンです。立体感を出しやすいです。 E. No.4599-7mm、13mm／表面に独特な表情のあるリボンです。表と裏で光沢が違います。 F. No.1546／光の加減で玉虫色になるリボンです。No.1540より硬く、No.1541より柔らかく少しハリがあります。ほとんどのステッチに使えます。

G. No.4563-8mm、15mm／オーガンジーのリボンです。透け感があるので、すでに刺したステッチの上に重ねて効果を出したり、小花作りに適しています。 H. No.1542／細い幅のぼかしのリボンです。No.1540より若干のハリがありますが、刺しやすいです。 I. No.1544／ピコットのあるぼかしの可愛いリボンです。少し硬めなので形をしっかり出すもの、ボリュームのあるステッチに向きます。 J. No.F／飾り房つきのリボンです。茎などの流線的なラインにおすすめです。 K. No.1543-3.5mm、7mm／No.1540の段染めのリボンです。色の変化でステッチにおもしろい効果が出ます。※J･Kは廃番となりました

布について

リボン刺しゅうはいろいろな布に刺せますが、あまり薄い布や毛足の長いものには適しません。リボン刺しゅうの優雅さを引き立てるような布選びをしましょう。

●向いている布 a,c シルクシャンタン　b 別珍　d,e 綿麻の混紡　f,g 麻　h モアレ

図案の写し方

布の上に図案をのせてまち針でとめ、チャコペーパー(チャコのついている面を下に)を布と図案の間にはさみ、セロファンを重ねてトレーサーで線をしっかりなぞります。

Ribbon Stitches

刺し方のポイント

刺し始める前

＜リボンの通し方＞

すべてのリボンをこの通し方でするわけではありません。細く柔らかいリボン（No.1540-3.5mm、No.1542、No.1545、No.1547）に適しています。他のリボンは、そのまま通して使います。

1 リボンは50cmくらいにカットし、先を斜めに切って針に通します。

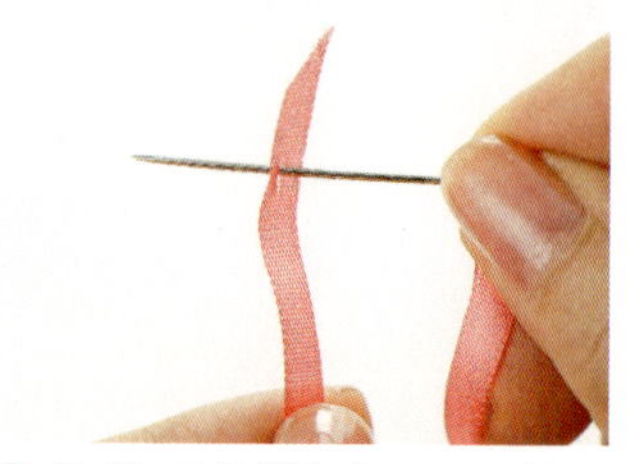

2 リボンの先端から1.5cmくらいのところの中央に針を刺します。

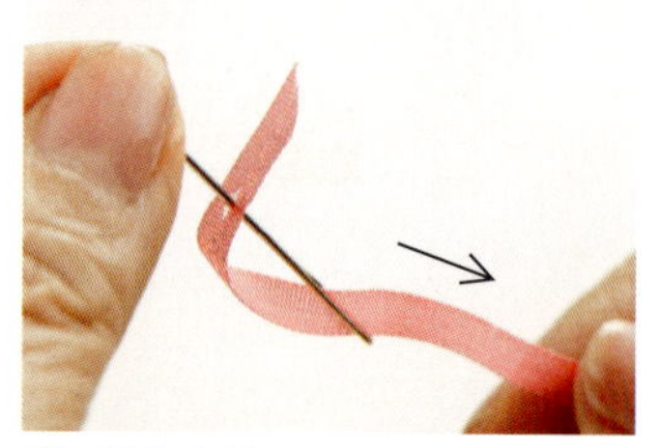

3 針先を持ってそのままリボンを引きます。

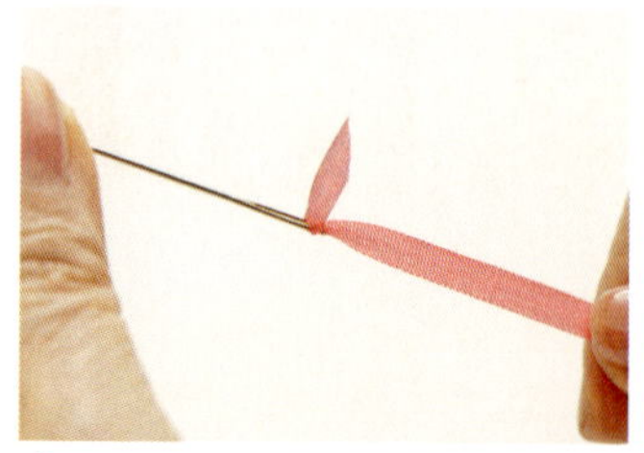

4 針穴のところでリボンがとまります。

＜結び玉の作り方＞

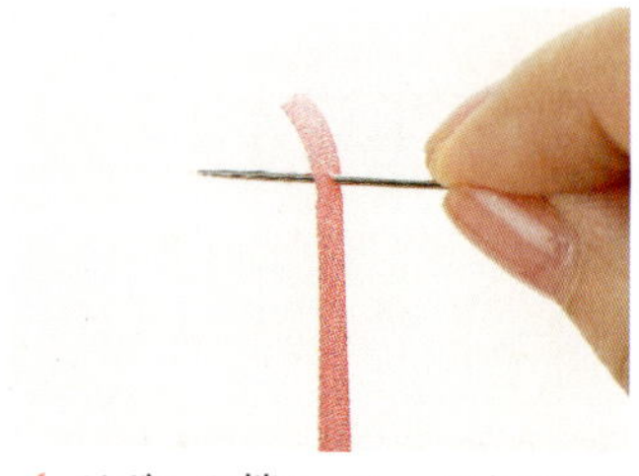

1 リボンの端1〜2cmのところに針を刺します。

2 リボンの端を持ち、針をリボンの中に通します。

3 針を抜いて出来た輪に針を通します。

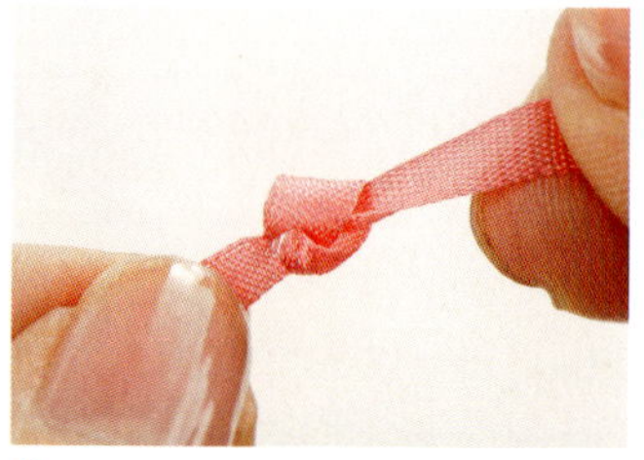

4 そのままリボンを引き、結び玉にしますが、引きすぎて玉が小さくならないように気をつけ、そっと押さえます。

刺し始め

＜布地の裏側でリボンに針を刺して始める＞

1 結び玉を作らないときは、リボンを刺してギリギリまで引き、

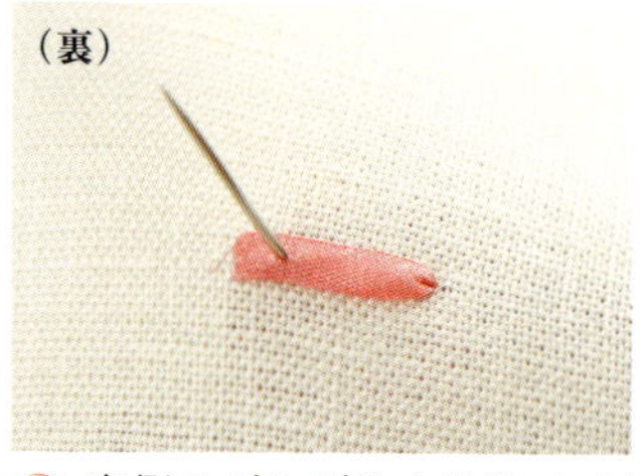

2 裏側で、裏に残したリボンに刺してとめます。

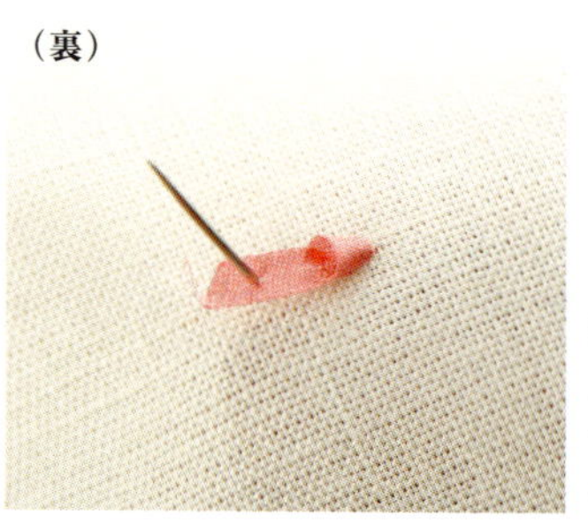

結び玉をして刺し始めた場合も、次のステッチで裏のリボンに刺しとめておくと安定します。

＜刺してあるリボンの裏に通して刺し始める＞

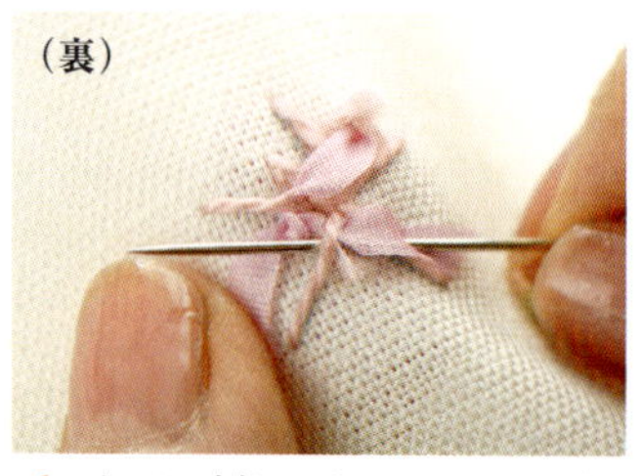

1 すでに刺してあるステッチがあるときには、まず結び玉を作り、裏に渡っているリボンや糸に針を通します。

2 結び玉がひっかかるようにくぐらせます。

3 表に針を出しステッチします。

刺すときの針の入れ方

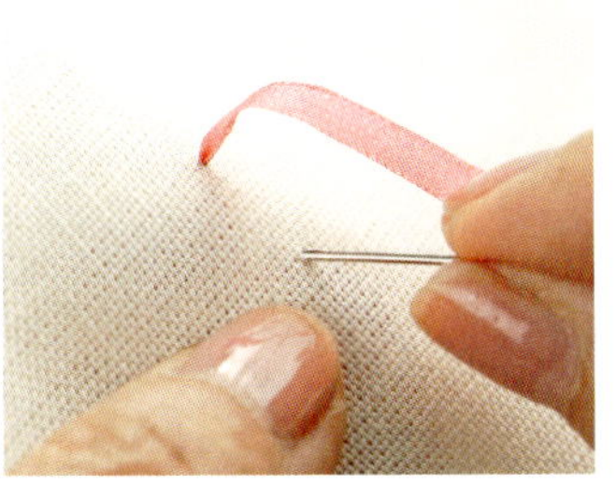

＜そのまま布に刺す＞
硬いリボンに向きます。

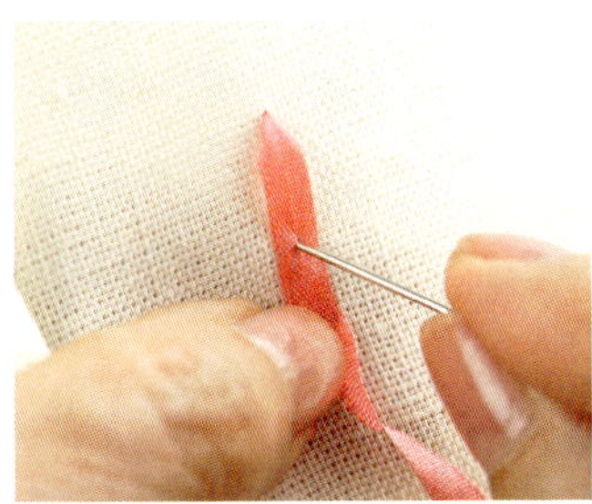

＜リボンの上から針を入れる＞
柔らかいリボンに向きます。

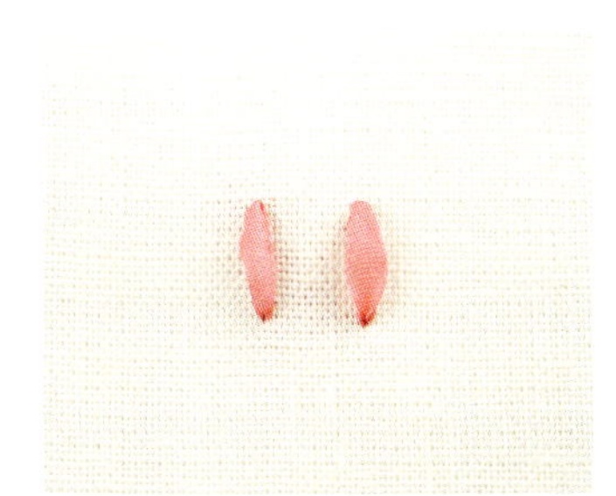

どちらの方法でもよいですが、リボンの上から布に入れた方が安定します。

刺し終わったら

＜リボンの始末のしかた＞

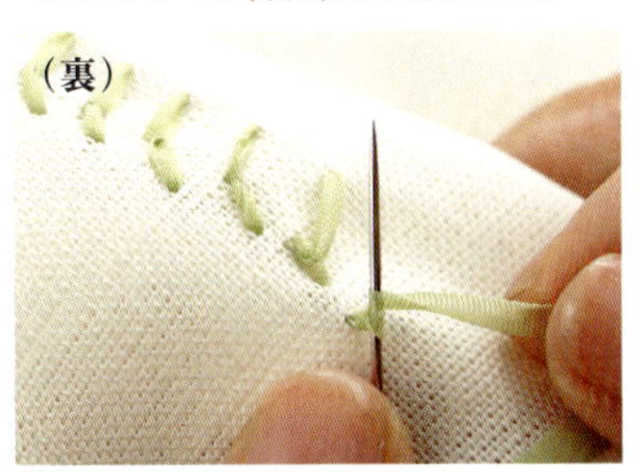

1 刺し終わったら裏で結び玉を作ります。

2 あまり引きすぎると結び玉が小さくなって抜けやすくなるので、気をつけます。

3 渡っているリボンに5cmくらい通します。

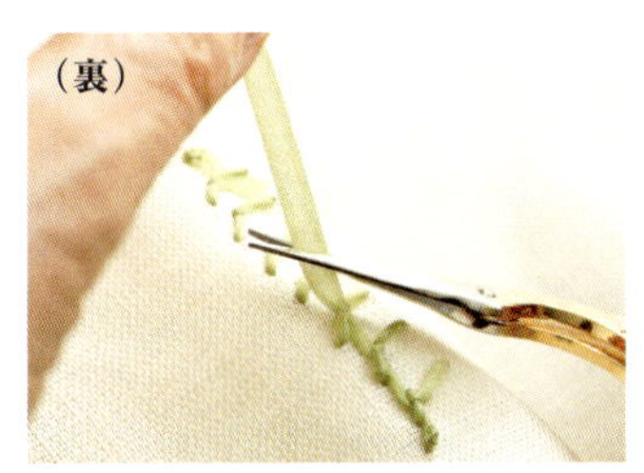

4 余分のリボンを切ります。

＜リボンのまとめ方＞

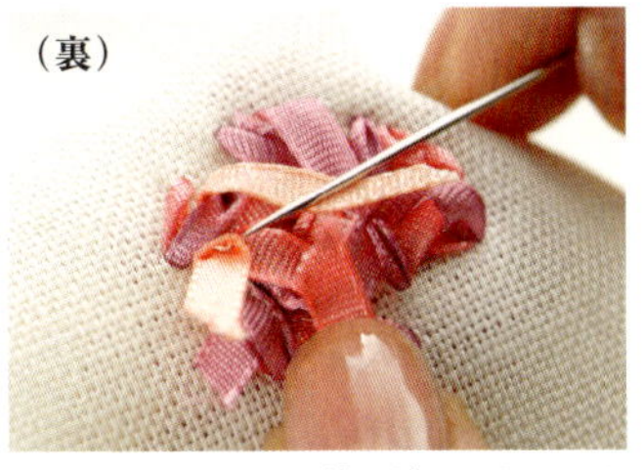

1 裏のリボンの端が気になるとき、針で真ん中の方に寄せます。

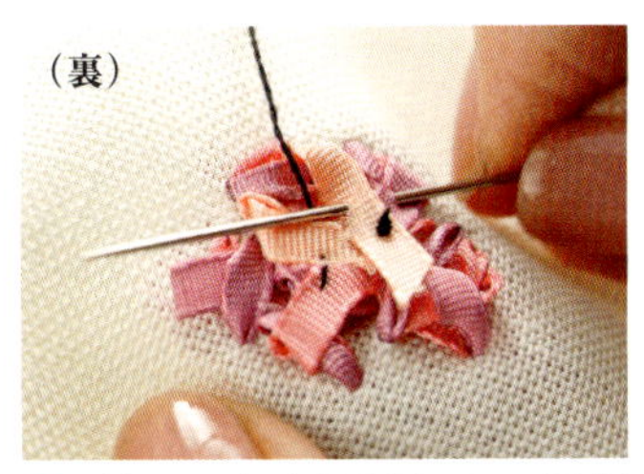

2 針にリボンと同系色の25番刺しゅう糸の1本どりを通し、縫いとめます。

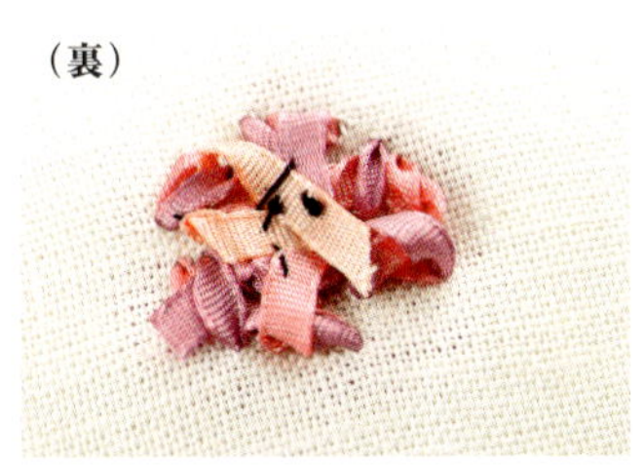

3 リボン端がまとまりました。

刺している途中でリボンが足りなくなったら

＜チェーンステッチの場合＞

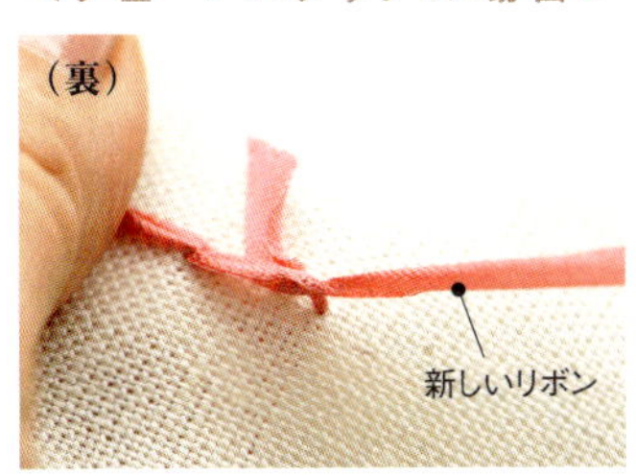

1 新しい針に新しいリボンを通して用意し、布の裏側で結び玉を最初のリボンに通しておきます。

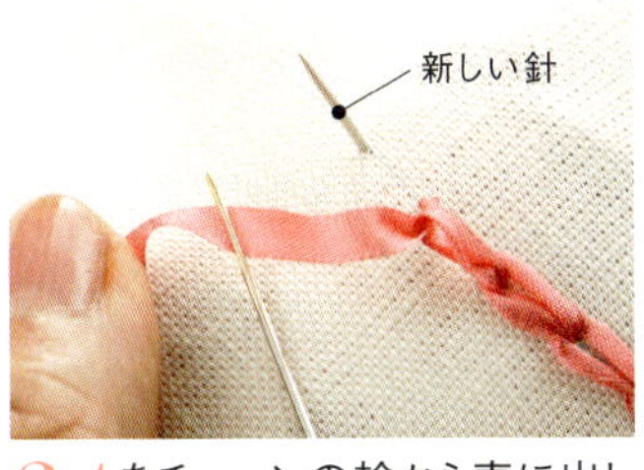

2 1をチェーンの輪から表に出し、次のステッチの位置に新しい針を出しておきます。

3 新しい針にリボンを引っかけ、チェーンの輪に戻ります。

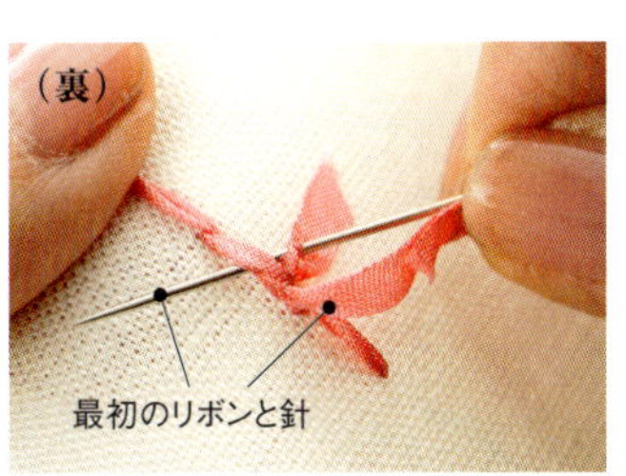

4 最初の針はリボン端に刺してから、裏に渡っているリボンに通しておきます。

Flat Stitches

平らなステッチ

材料

エンブロイダリーリボン
(No.1540-3.5mm)col.035　col.036　col.356　col.364　col.468
(No.1540-7mm)col.034　col.305
(No.1541)col.419　col.429
(No.1542)col.2　col.15　(No.1547-4mm)col.36

ステッチは実物大

平らなステッチ

盛り上がりが少なく、平らに近い感じに出来上がるステッチです。
花の茎などの線を表現したり、花びらなどの面をうめたり、葉を刺したりと、多岐に使えます。
特に難しいテクニックはなく、基本的に糸の刺しゅうと同じ刺し方ですが、
リボン刺しゅうでのコツや刺し方がありますので注意して刺しましょう。

★Sはステッチの略。( )内は色番号

ブックカバー2種

フィッシュボーンステッチやヘリングボーンステッチは、
花びらや葉の面を埋める時におすすめの平らなステッチです。
爽やかな印象の水色は文庫本サイズ、
落ち着いた色合いの紫は単行本サイズのブックカーバーにしてみました。

作り方 87ページ

1

2

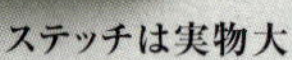
ステッチは実物大

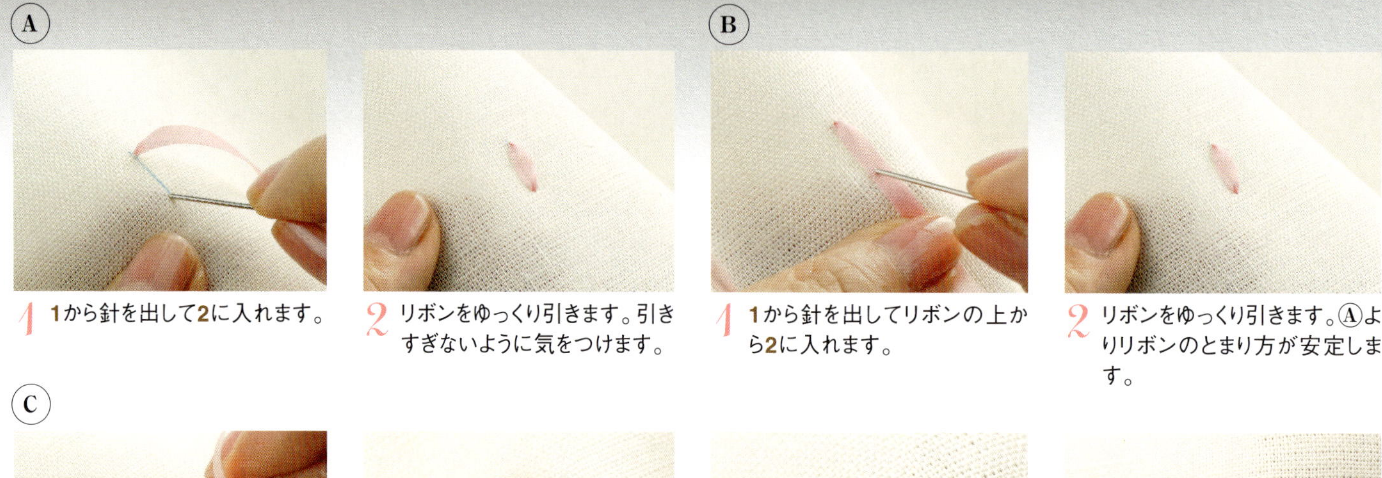

A

1 **1**から針を出して**2**に入れます。

2 リボンをゆっくり引きます。引きすぎないように気をつけます。

B

1 **1**から針を出してリボンの上から**2**に入れます。

2 リボンをゆっくり引きます。Ⓐよりリボンのとまり方が安定します。

C

1 **1**から針を出してリボンの上から**2**に入れます。

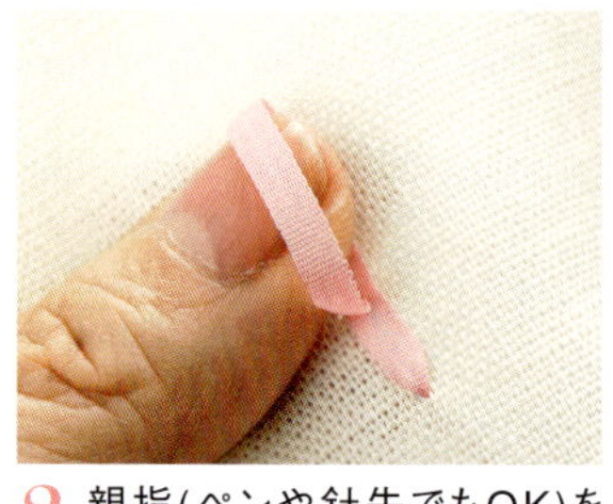

2 親指(ペンや針先でもOK)を入れて輪の形を整えます。

3 親指をはずして、そのままそっと引きます。引き方で表情が出ます。

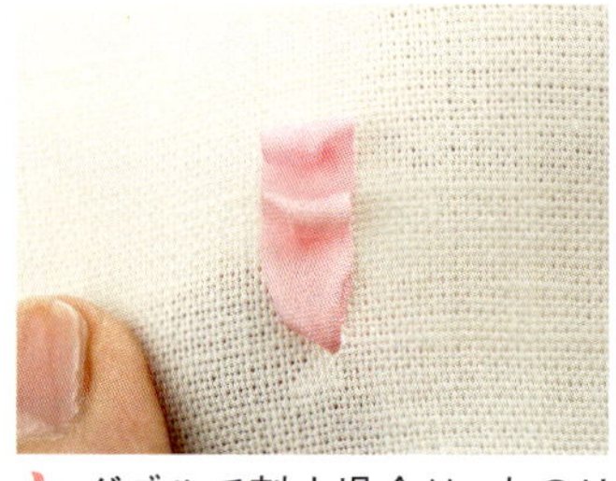

4 ダブルで刺す場合は、上のリボンは下のリボンと同じ位置から針を出して同要領で刺します。

ステッチは実物大

サテンステッチ

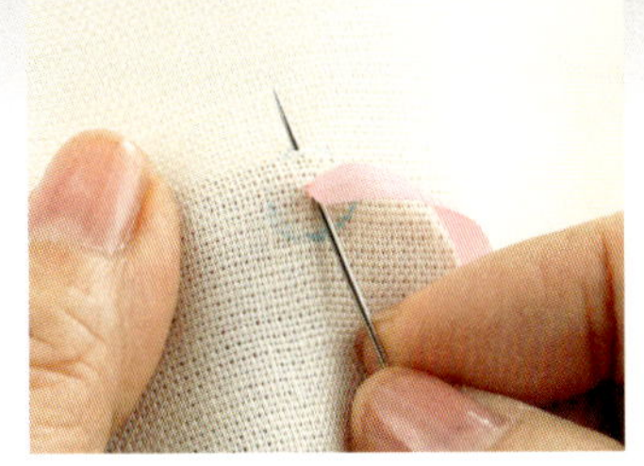

1 図案の真ん中に針を出し、一針刺してから**1**に出します。

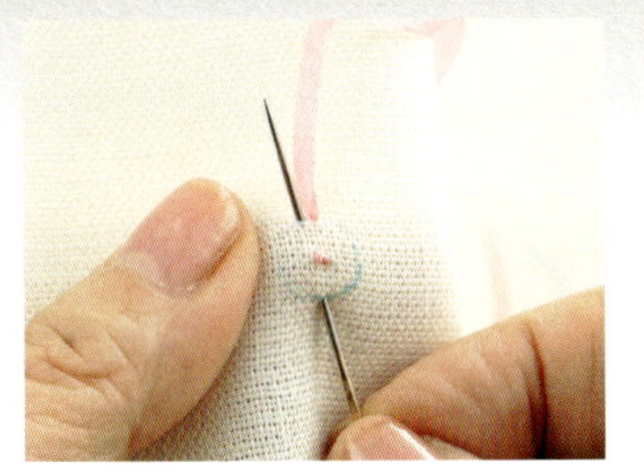

2 **1**から針を出して**2**に入れ、**3**から針を出します。

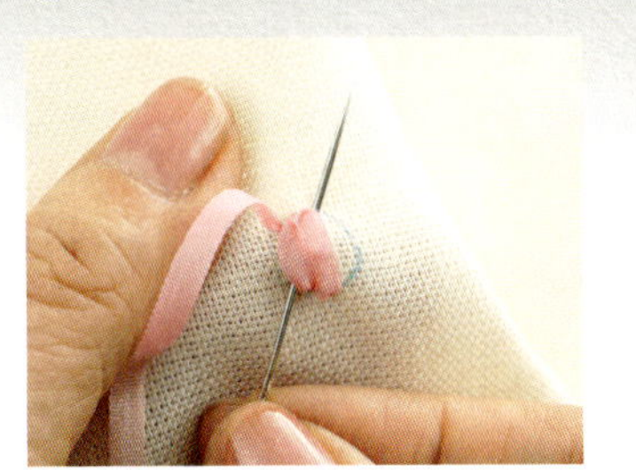

3 同要領で左側を刺したら右側に針を出します。

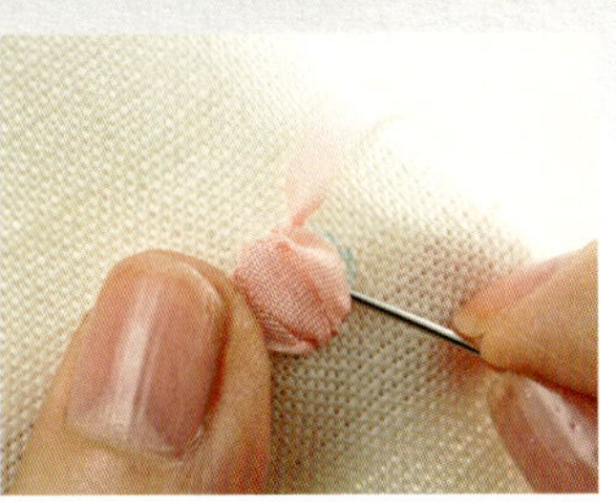

4 右側も同じように刺します。

ロングアンドショートステッチ

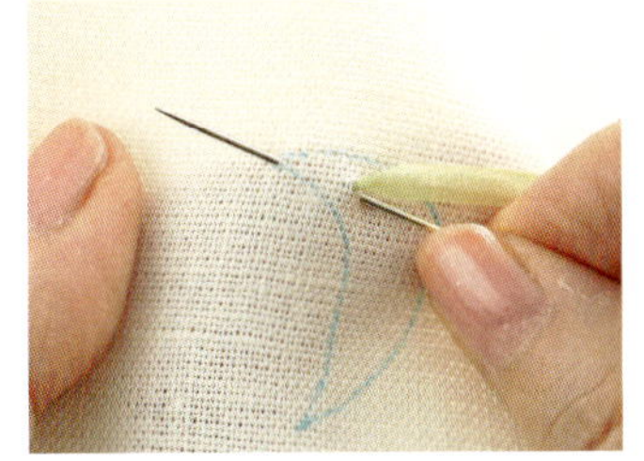

1 針を出し、一針刺してから**1**に出します。

2 **1**から針を出して**2**に入れ、**3**から針を出して刺していきます。カーブの部分は短いステッチを刺します。

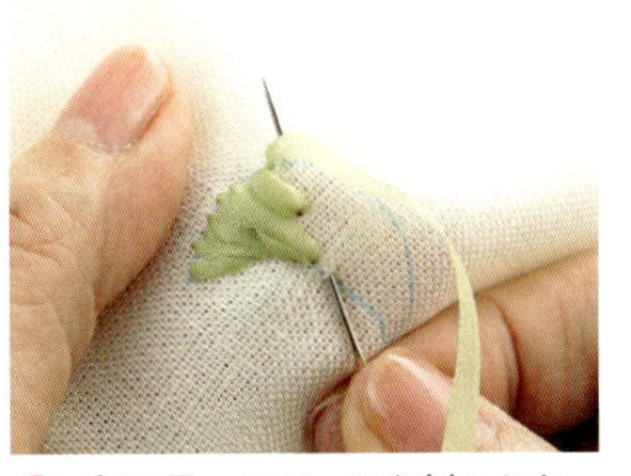

3 次は長いステッチを刺します。

4 ステッチの長短はくり返しではなく、カーブに合わせて長さを調節しましょう。

Flat Stitches 3

ヘリングボーン ステッチ

Herringbone stitch

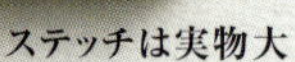
ステッチは実物大

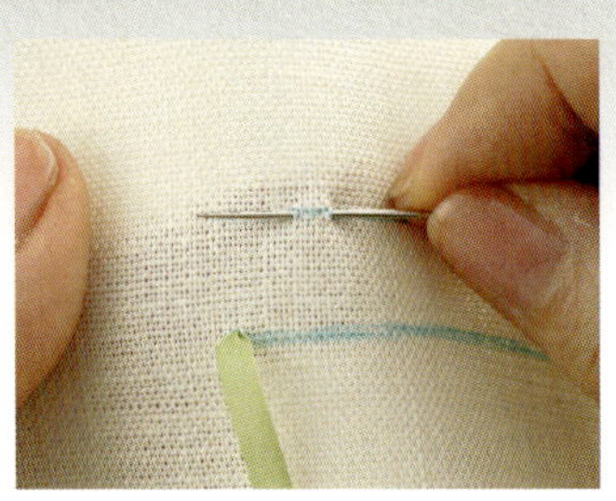
1 **1**から針を出して、**2**に入れ**3**から出します。

2 **4**に入れ、**5**に出します。

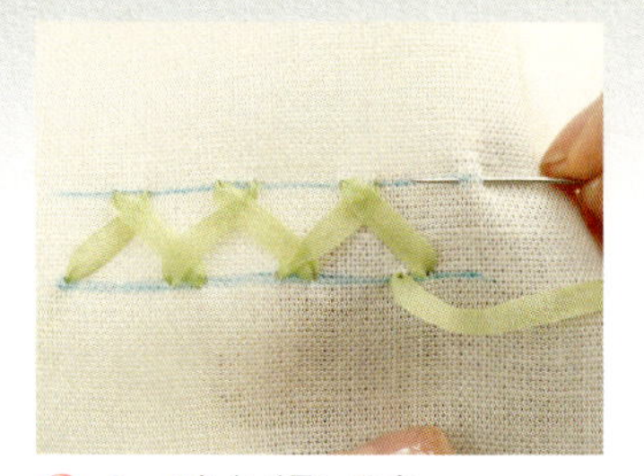
3 **1**～**4**をくり返します。

4 刺し終わりはリボンに針を入れます。

ダブルヘリングボーンステッチ

1 まず1～4の要領でヘリングボーンステッチをし、別のリボンで重ねてヘリングボーンステッチをします。

2 **1**から針を出して、**2**に入れ**3**から出します。

3 前に刺したヘリングボーンステッチにリボンをくぐらせて**4**に入れ、**5**から出します。

4 **1**～**4**をくり返しますが、ぼかしの入ったリボンなどは方向を揃えたほうが綺麗です。

ステッチは実物大

まっすぐ刺すとき

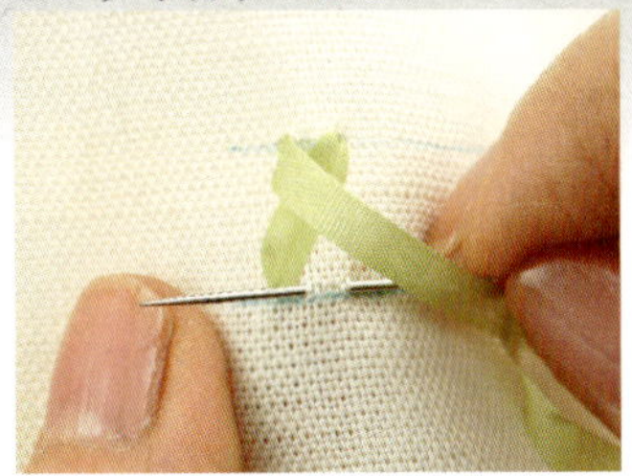

1 ヘリングボーンステッチと同要領で、間隔をつめて刺します。

2 ステッチ同士を揃えるように刺していきます。

3 刺し終わりはリボンに針を入れます。

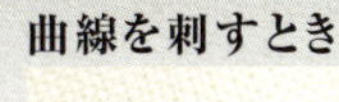

曲線を刺すとき

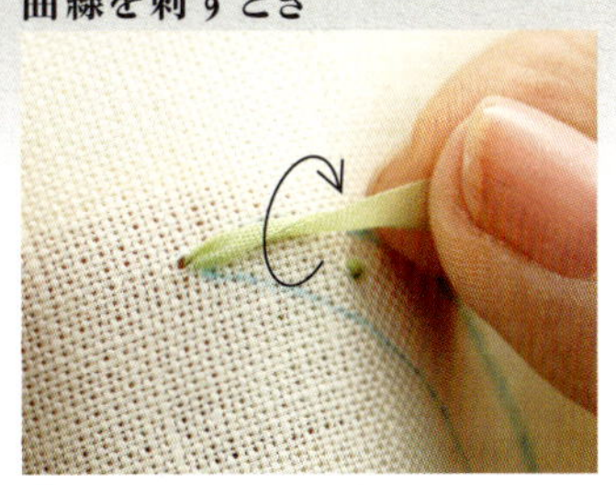

4 針を出し、一針刺してから**1**に出します。鋭角に沿うようにリボンを少し撚って細くします。

5 リボンの上から**2**に針を入れ、**3**に針を出します。

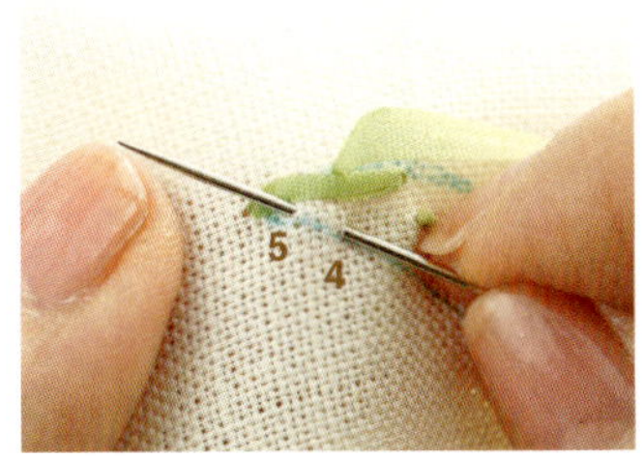

6 **4**に入れ、**5**に出します。

7 外側のカーブと内側のカーブは長さが違うので、針ですくう布の長さを調節して刺し進みます。

8 刺し終わりもリボンを撚って細くし、リボンに針を入れます。

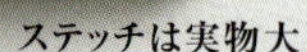
ステッチは実物大

A

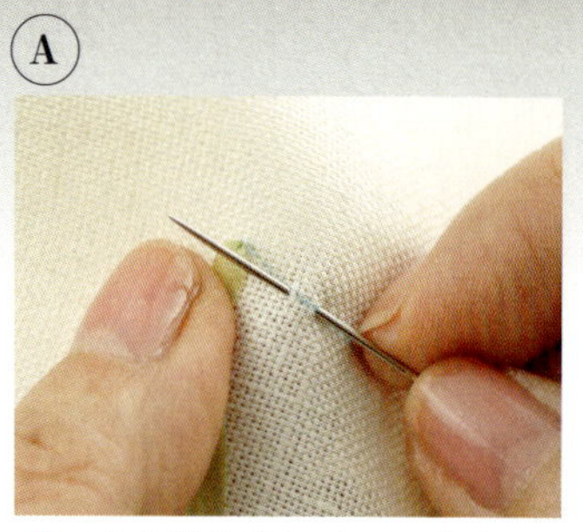

1 **1**から針を出して、**2**に入れ**3**から出します。

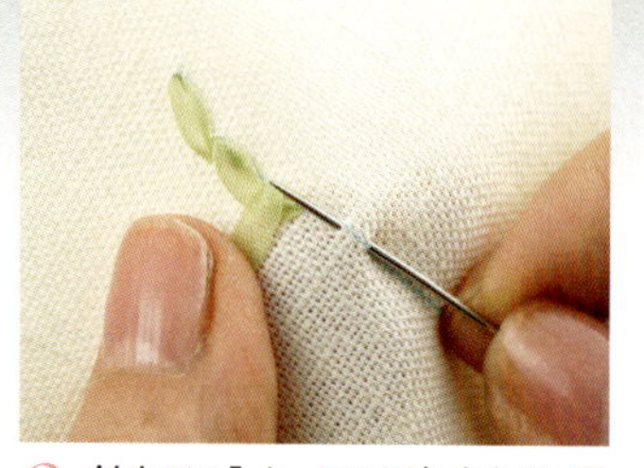

2 針を**4**に入れ、**5**から出すをくり返して刺します。ラインの太さに合わせてステッチの長さを加減します。

3 細いラインが刺せます。

B

1 **1**から針を出して、針を回してリボンを撚ります。**2**で針を入れ、**3**で出します。

2 針を**4**に入れ、**5**から出すをくり返して刺します。

C

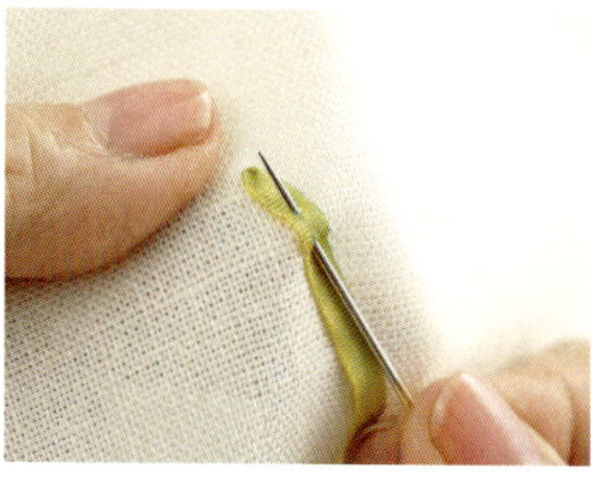

1 **1**から針を出して、リボンの上から**2**に入れ**3**から出します。

2 リボンの端を整えながら、くり返します。

3 刺し終わりはリボンに針を入れます。

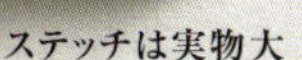
ステッチは実物大

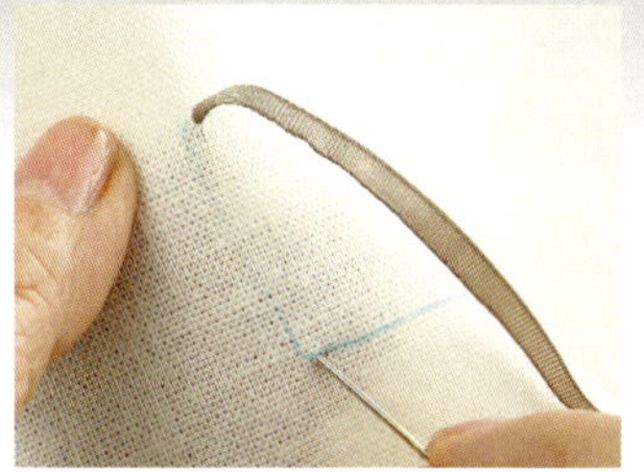

1 まず、縦のリボンを刺します。**1**から針を出して**2**に入れます。

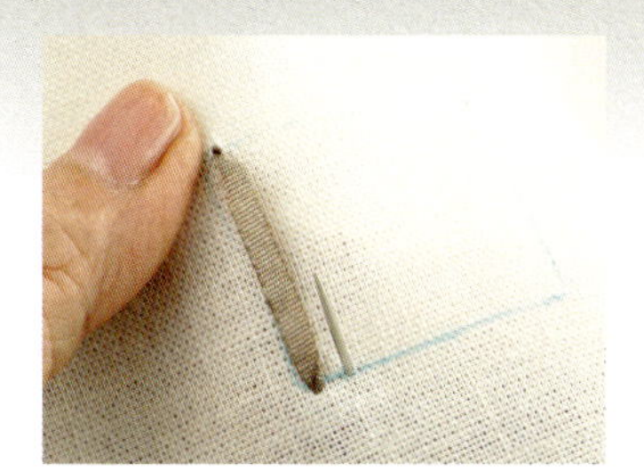

2 **2**の隣の**3**から針を出して**4**に入れます。

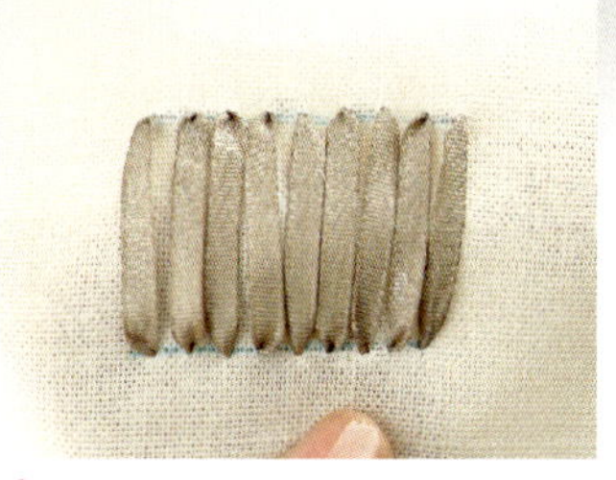

3 **1**～**4**をくり返して縦のリボンは出来上がりです。

4 次に横のリボンを刺します。先の丸い針(ニット地用)に取り替えて右端のリボンの際から針を出します。

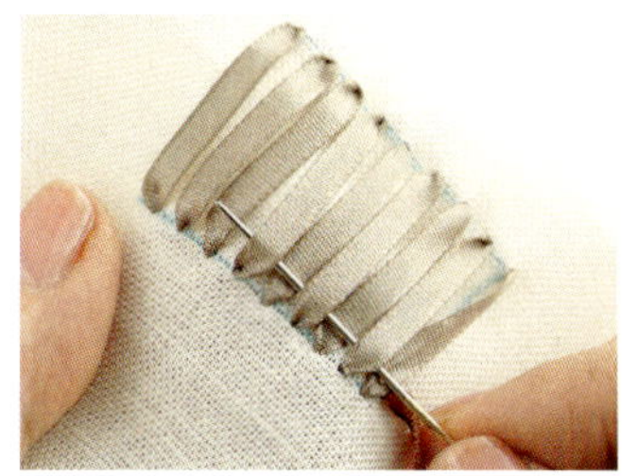

5 リボンを1本ずつ交互にすくいます。

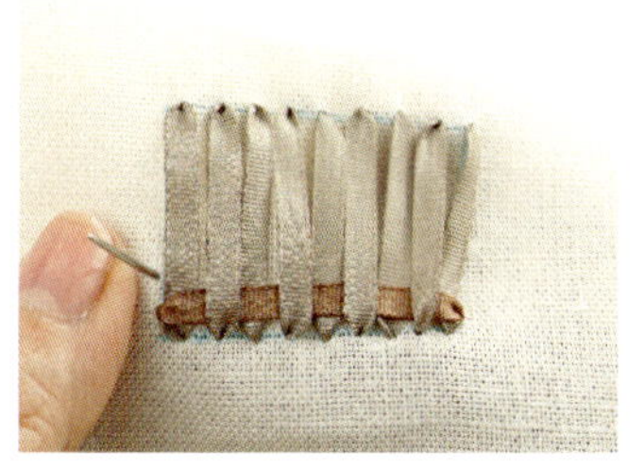

6 リボンのねじれを直して整えたら、針を**2**に入れ**3**から出します。

7 リボンが市松模様になるように交互に入れ、刺し終わりは布に針を入れます。

もし、先の丸い針がなかったら…

8 リボンをすくうのに先の丸い針を使うのがベストですが、もしなかったら針穴の方を通してもよいでしょう。

ステッチは実物大

＊仕上がりがフィッシュボーンステッチBより平らになります。

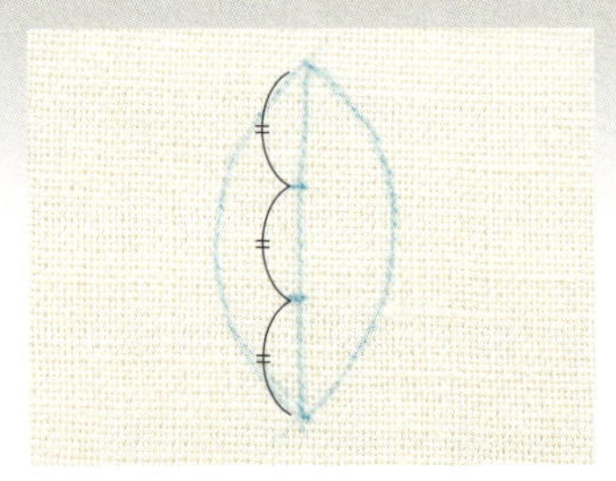

1 葉の図案を写したら、刺す角度の目安のため中央線に三等分の印をつけておきます。

2 **1**から針を出して、**2**(中央線の1/3の位置)に入れ**3**から出します。

3 **4**(中心線から1mmほど右)に針を入れます。

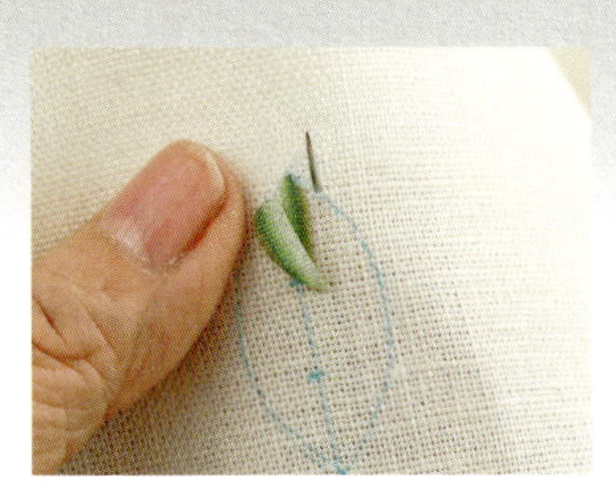

4 **5**に針を出し、

5 **6**(中心線から1mmほど左)に針を入れます。

6 リボンのぼかしの方向に気をつけながら、**3**～**6**をくり返しますが、ある程度進んだらリボンに針を入れて止めながら刺すと綺麗に仕上がります。

7 刺し終わりはリボンに針を入れます。

8 裏でリボンの始末をします。

Flat Stitches 8

フィッシュボーン ステッチB

Fishbone stitch B

ステッチは実物大

＊仕上がりがフィッシュボーンステッチAより盛り上がります。

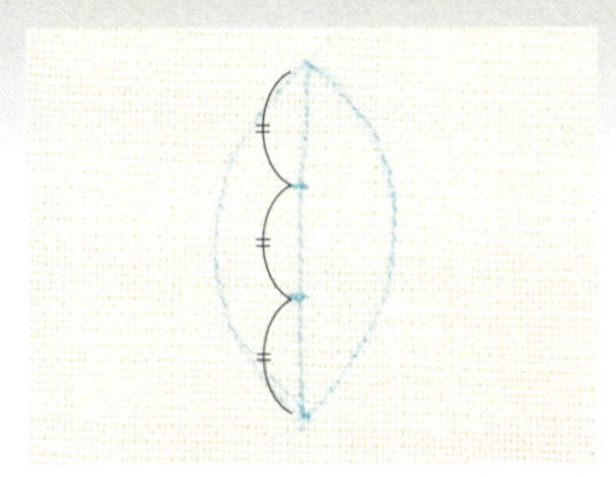

1 葉の図案を写したら、刺す角度の目安のため中央線に三等分の印をつけておきます。

2 **1**から針を出して、**2**(中央線の1/3の位置)に入れ**3**から出します。

3 **4**(中心線から1mmほど右)に針を入れ、横にひとすくいして**5**に針を出します。

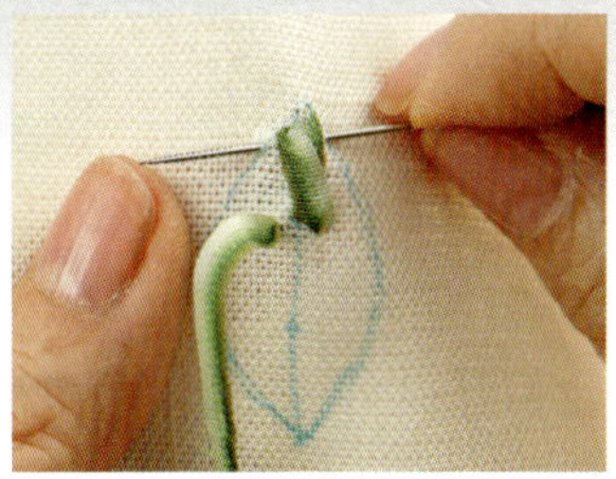

4 **6**に針を入れて**7**に出します。

5 **4**、**5**と針でひとすくいして、**6**、**7**と針を出します。

6 リボンのぼかしの方向に気をつけながら、リボンを引いて整えます。

7 刺し終わりはリボンに針を入れます。

8 裏でリボンの始末をします。フィッシュボーンステッチAよりリボンの重なりが多いので盛り上がって見えます。

Chained Stitches & Looped Stitches

チェーンのステッチとループのステッチ

材料

エンブロイダリーリボン

(No.1540-3.5mm) col.035　col.095　col.163　col.175　col.357　col.364　col.366

(No.1540-7mm) col.163　col.034

(No.1541) col.015

(No.1542) col.4　col.14

ステッチは実物大

チェーンのステッチとループのステッチ

どちらも針先にリボンをかけて刺すステッチですが、
針にリボンをかけるのは右からでも左からでもかまいません。
またステッチによって刺し進む方向も上、下、左、右どちらからでも刺すことが出来ます。
綺麗な形のループが出来るよう、針を持っていない方の手でリボンを押さえながら
刺し進めましょう。

★Sはステッチの略。（　）内は色番号

クッション

麻の生地にツイステッドチェーンステッチで格子を刺し、
その中に3種類の花模様を配置しました。
この章のステッチは針にリボンをかけて進めます。

作り方 88ページ

3 ブルー

3 パープル

ステッチは実物大

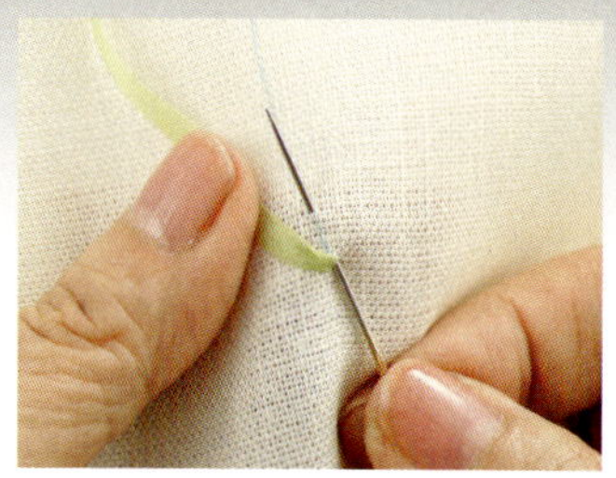

1 **1**から針を出して、リボンを左手で押さえながら、**2**に入れ**3**から出します。

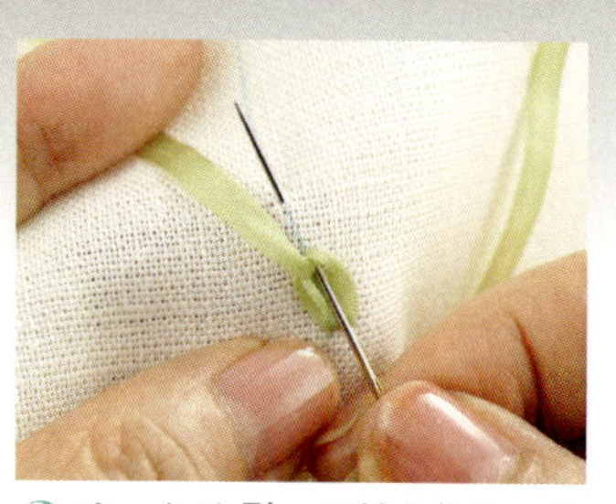

2 ゆっくりと引いて輪を作り、**3**のすぐ隣の**4**に針を入れます。

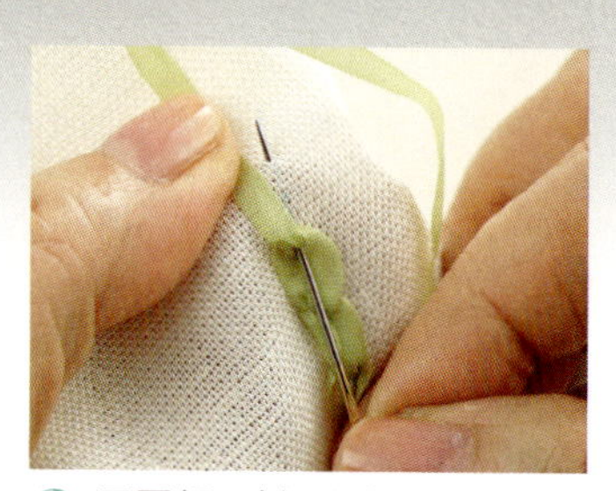

3 同要領で刺します。

4 刺し終わりは**3**の位置に針を出し、リボンの上から針を刺してとめます。

リボンのチェーンステッチ

1 **1**から針を出して、**2**に入れ**3**から出し、リボンを針にかけてゆっくりと引いて輪を作り、リボンの上から**4**（**3**から3mmくらい上）に針を入れます。

2 そのまま**5**に針を出します。

3 同要領で刺します。

4 刺し終わりは**3**の位置に針を出し、リボンの上から針を刺してとめます。

ステッチは実物大

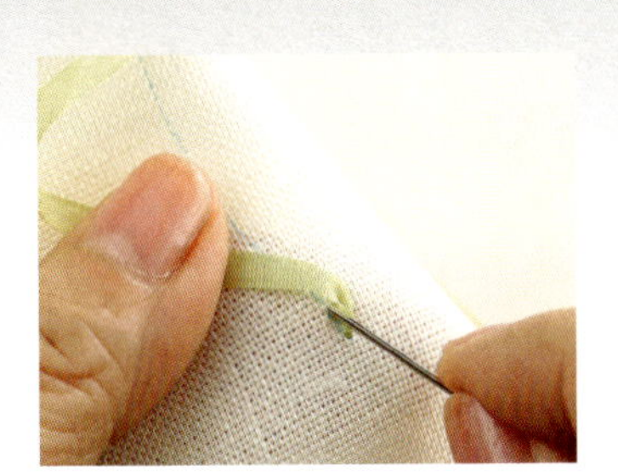

1 **1**から針を出して、リボンを左手で押さえながら、**2**(図案線上)に入れます。

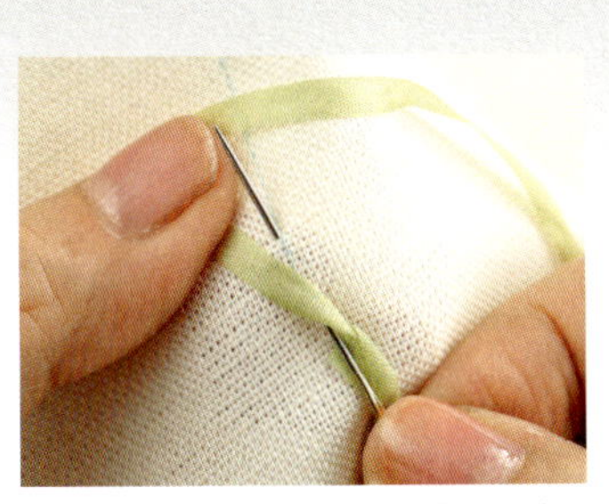

2 **3**(図案線上)から針を出します。

3 同要領で刺し、刺し終わりは**3**の位置に針を出し、リボンの上から針を刺してとめます。

花を刺すとき

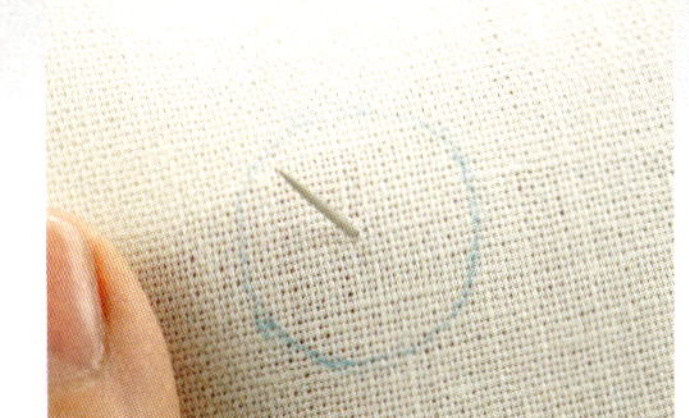

1 まず花の輪郭線の中心に針を出します。

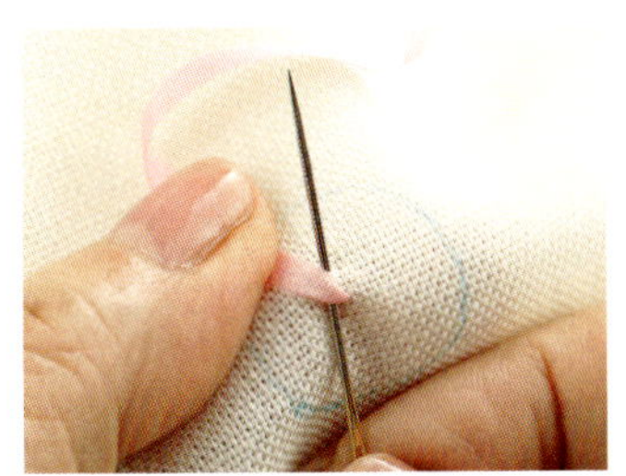

2 刺し始めは小さめにツイステッドチェーンステッチを刺します。

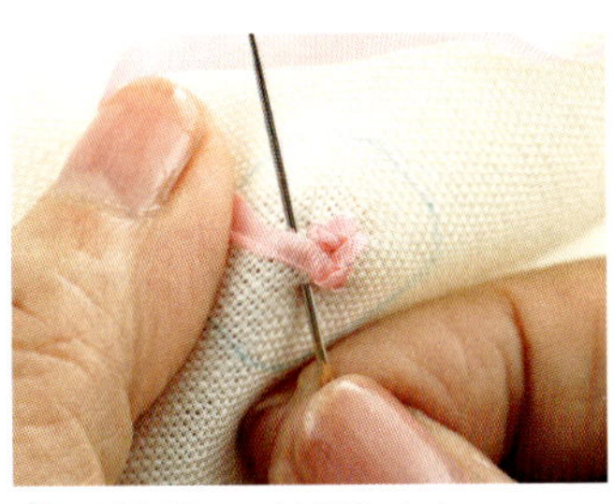

3 3針くらいで1周します。

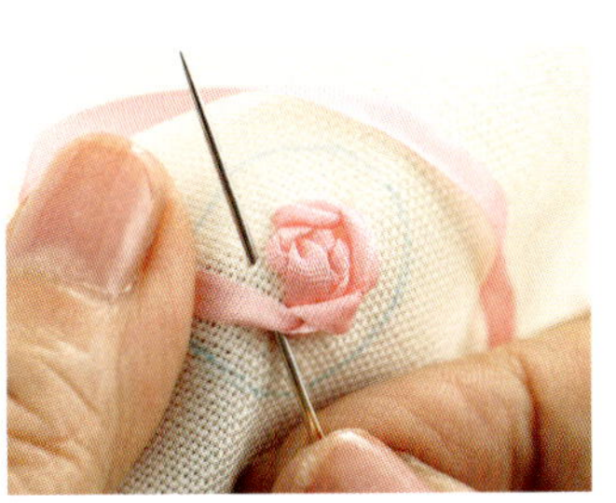

4 外に向かってぐるぐると少しずつ針目を大きくして刺します。リボンは自然にねじれるままに刺していきます。

5 刺し終わりはリボンの奥のほうの目立たないところに刺します。

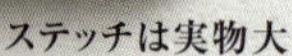

1 丸く刺す場合は外周と内周の円に分割の印を入れておきますが、必ず偶数にします。

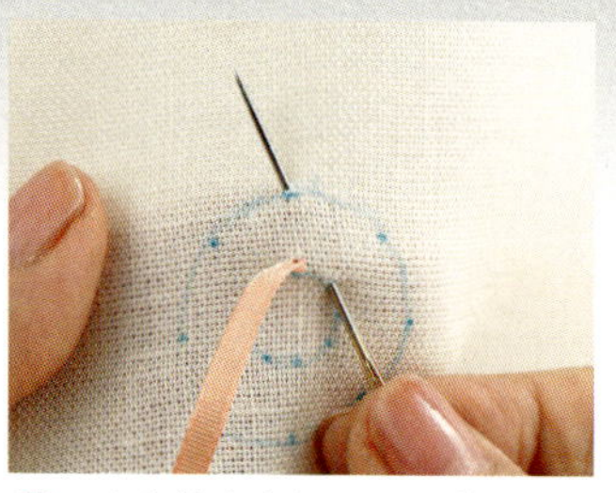

2 **1**から針を出して、**2**に入れ**3**から出します。

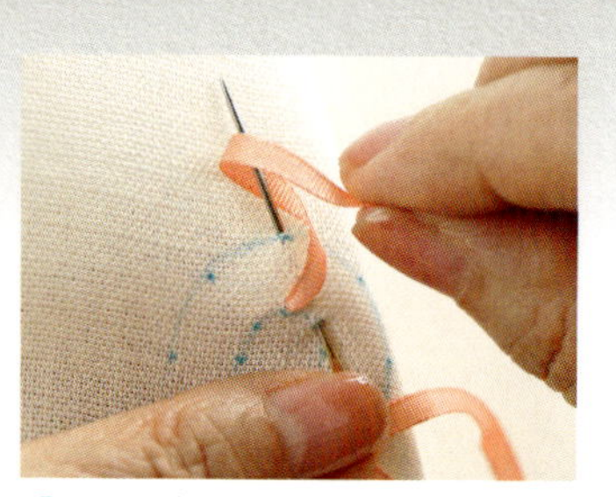

3 針に右側からリボンをかけます。

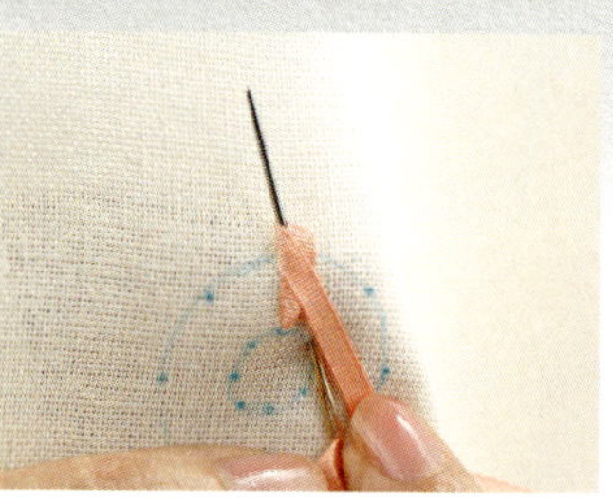

4 リボンを押さえながら針を引き抜きます。

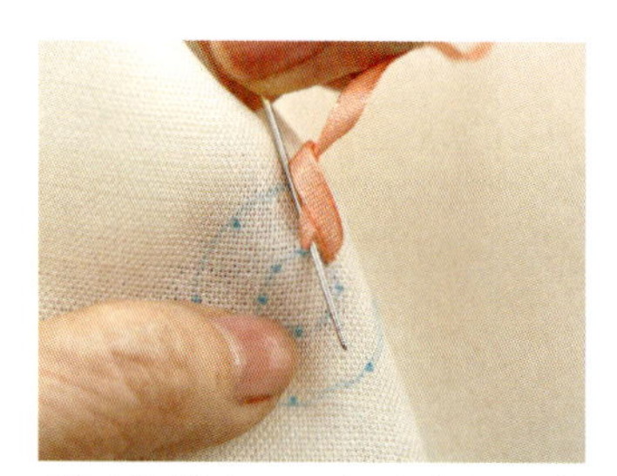

5 刺し始めのリボンをすくって針を通します。

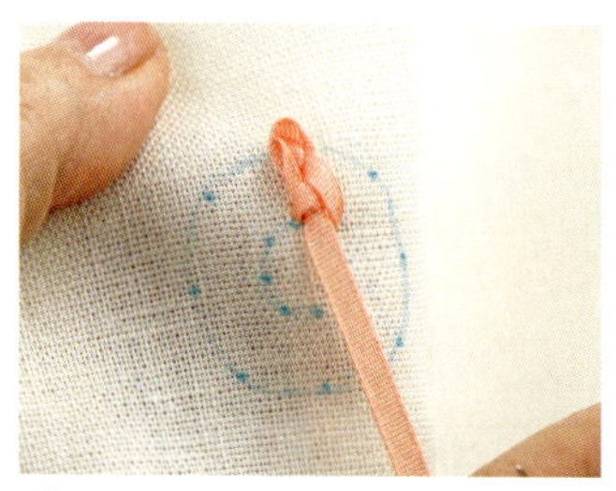

6 リボンを下まで引きます。そのまま針を裏に入れればつぼみのようなステッチになります。

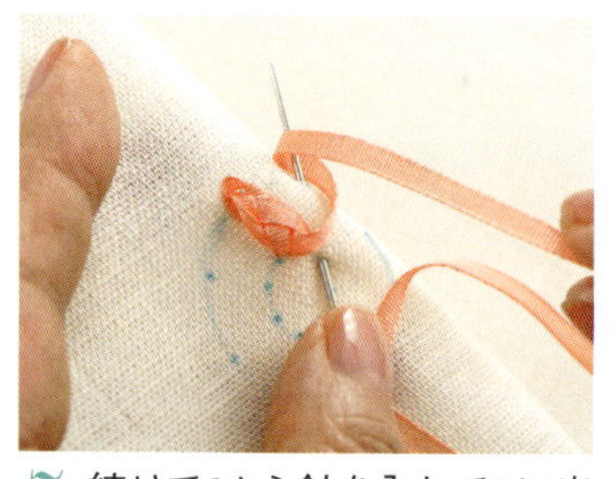

7 続けて**4**から針を入れて**5**に出します。

8 1周したら、**1**の下に針を入れます。

Chained Stitches & Looped Stitches 12

ツイステッドレイジーデイジー ステッチ & シード ステッチ

Twisted lazy daisy stitch & seed stitch

No.1540
-3.5mm

No.1540
-7mm

No.1541

No.1542

No.1545

No.1546

No.1547

No.1540
-3.5mm

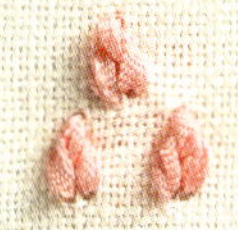

No.1541

No.1542

No.1545

No.1546

No.1547

ステッチは実物大

ツイステッドレイジーデイジーステッチ

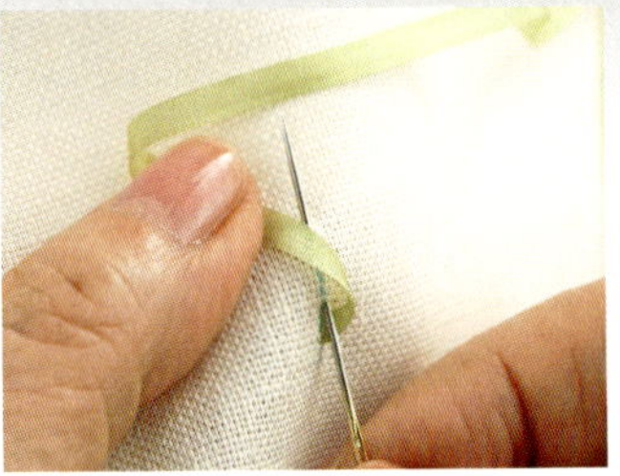

1 **1**から針を出して、リボンを左手で押さえながら、**2**(図案線上)に入れ、**3**(図案線上)から針を出します。

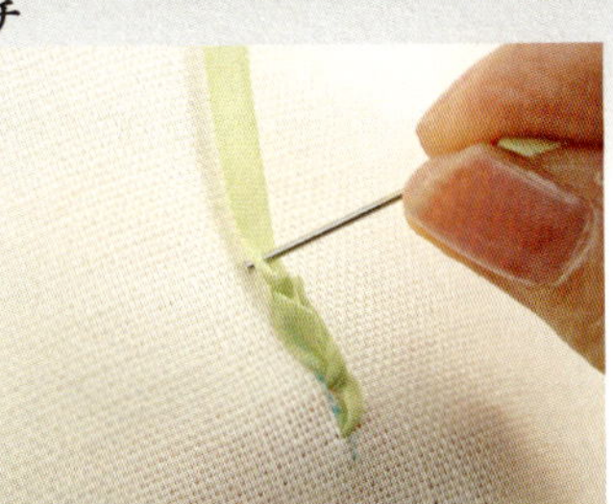

2 刺し終わりはリボンの上から**4**に針を刺してとめます。

太いリボンのとき

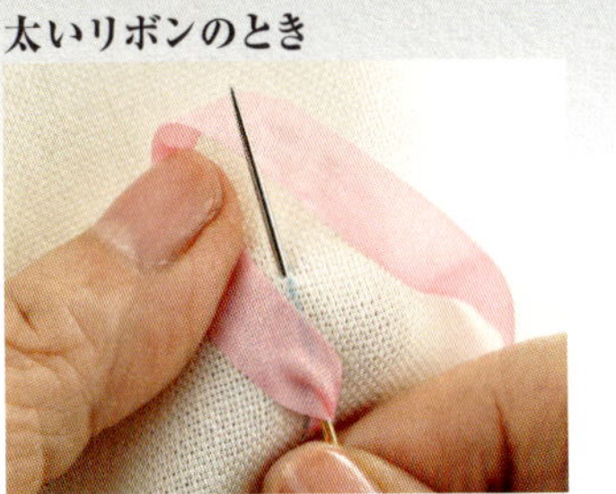

1 リボンが太いときも、同要領で刺します。

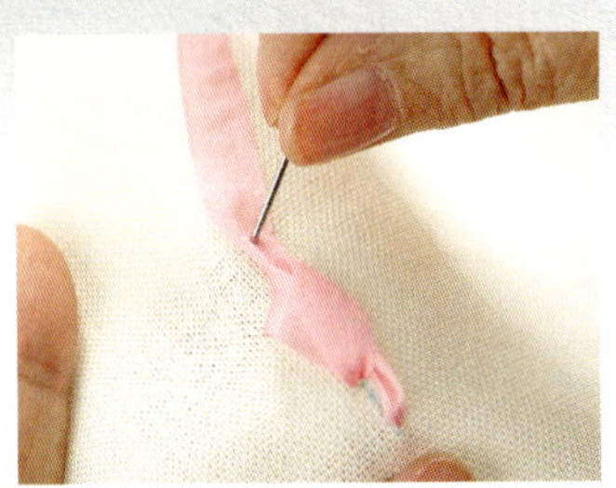

2 刺し終わりはリボンの上から**4**に針を刺してとめます。

シードステッチ

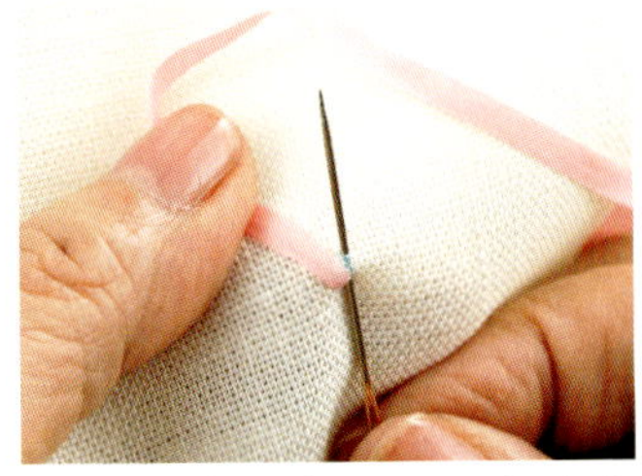

1 **1**から針を出して、リボンを左手で押さえながら、**2**(図案線上)に入れます。

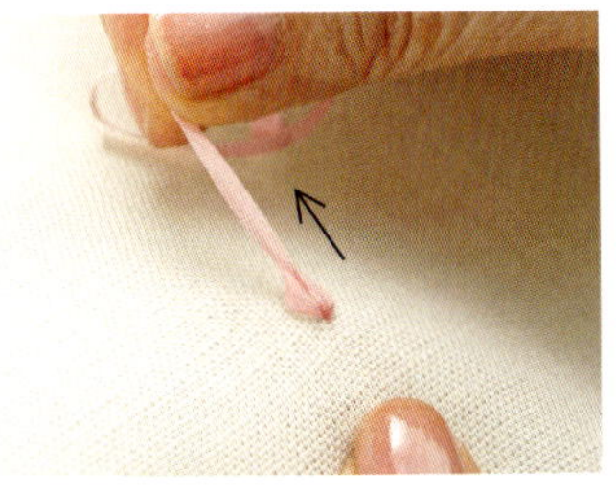

2 リボンを引いて、輪を小さくします。

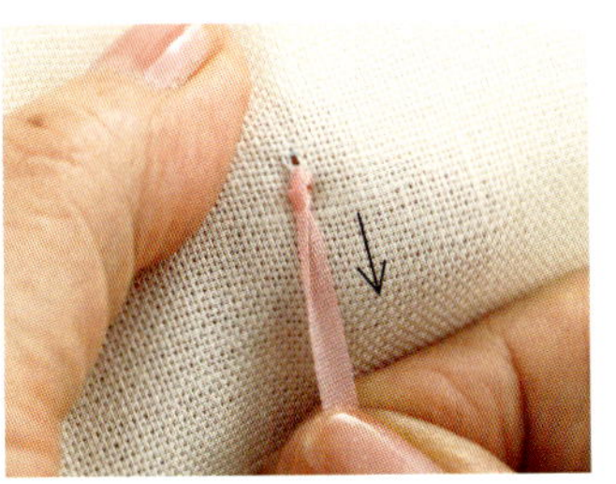

3 さらにリボンを下に引いて、輪を小さくします。

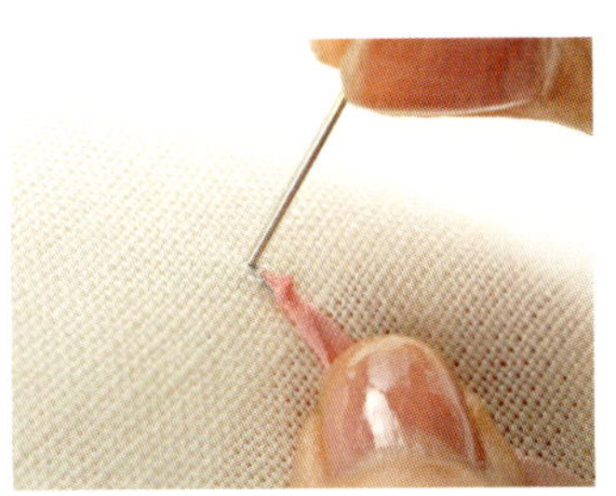

4 **4**に針を刺してとめます。

ステッチは実物大

1 **1**から針を出して、リボンを左手で押さえながら、**2**に入れ**3**から針を出します。

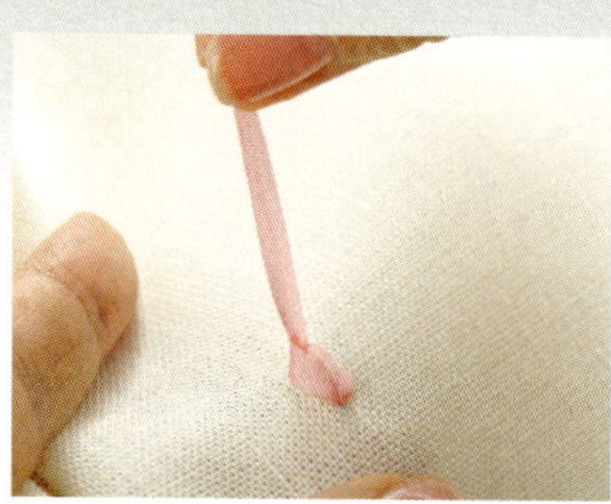
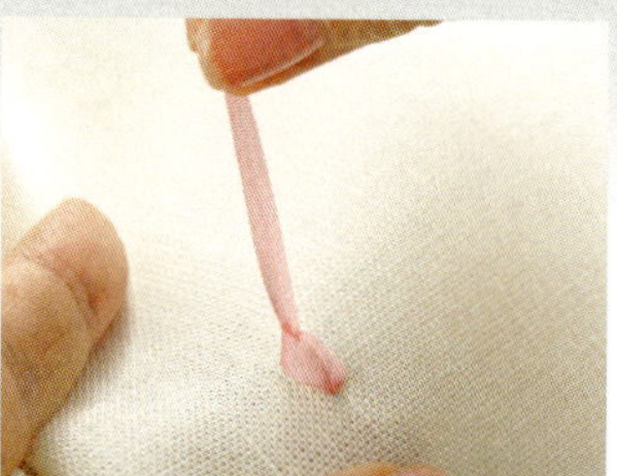

2 リボンを針にかけてゆっくりと引いて輪を作り、リボンを持って垂直にゆらしながら輪をしめていきます。

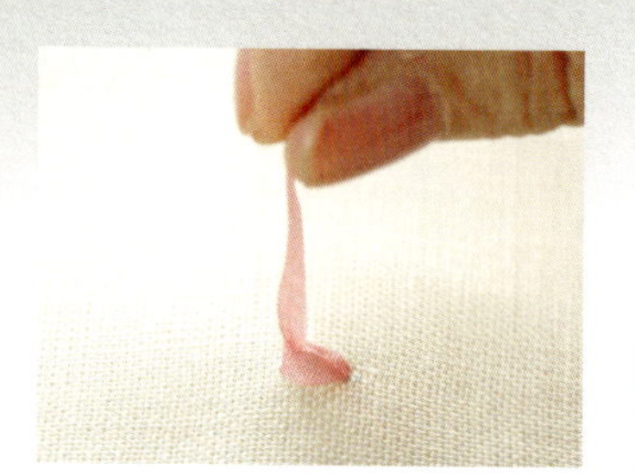

3 輪を整えます。

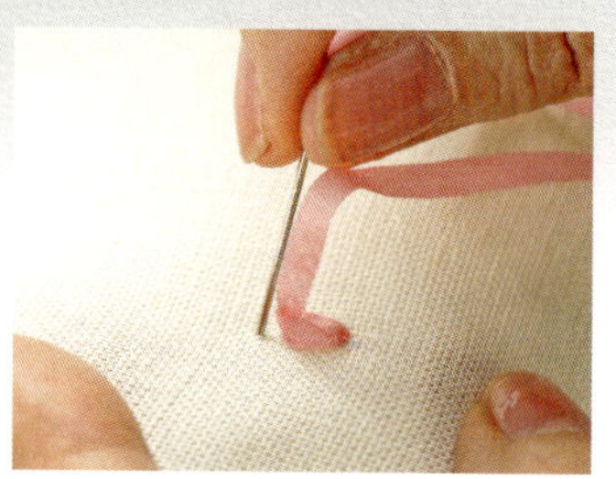

4 **4**に針を刺してとめます。

太いリボンのとき

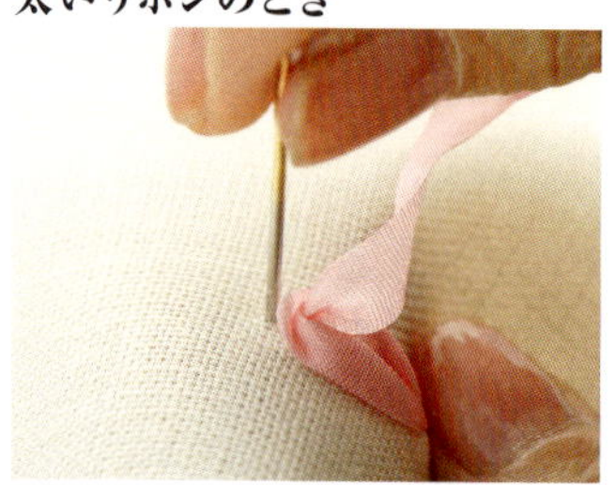

リボンが太いときも同要領で刺します。

とめが長いとき

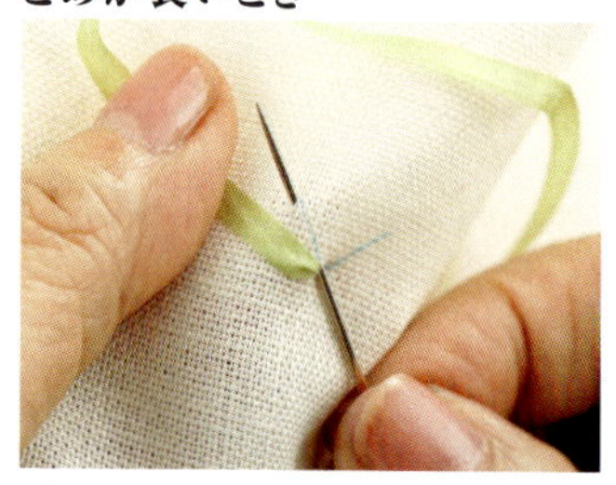

1 **1**から針を出して、リボンを左手で押さえながら、**2**に入れ**3**から針を出します。

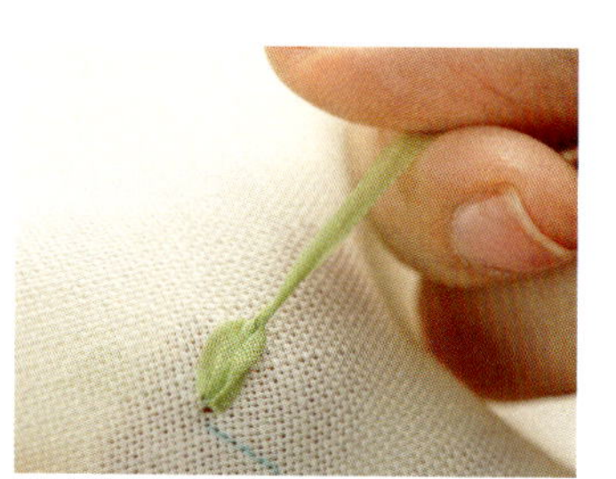

2 リボンを針にかけてゆっくりと引いて輪を作り、リボンを持って垂直にゆらしながら輪をしめて形を整えます。

3 リボンの上から**4**に針を刺してとめると安定します。

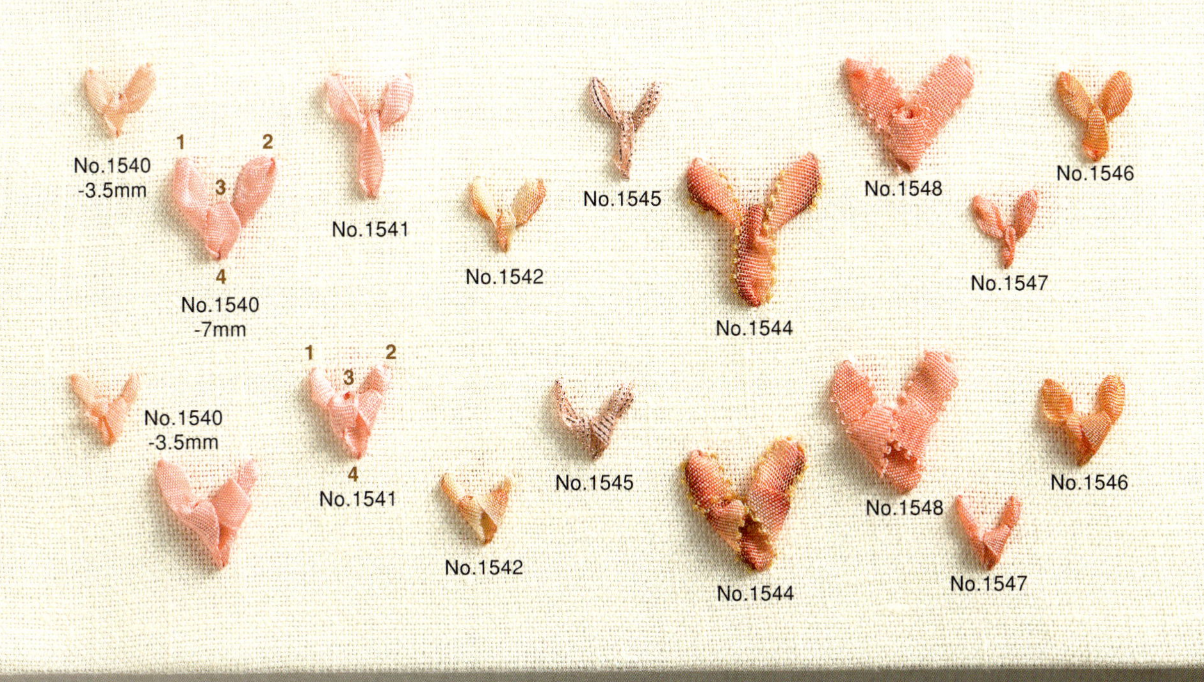

ステッチは実物大

フライステッチ

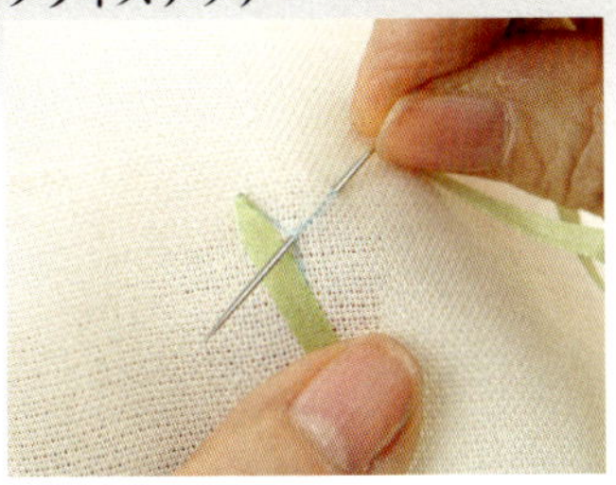

1 **1**から針を出して、リボンを左手で押さえながら、**2**に入れ**3**から針を出します。

2 ゆっくりとリボンを引いて形を整えます。

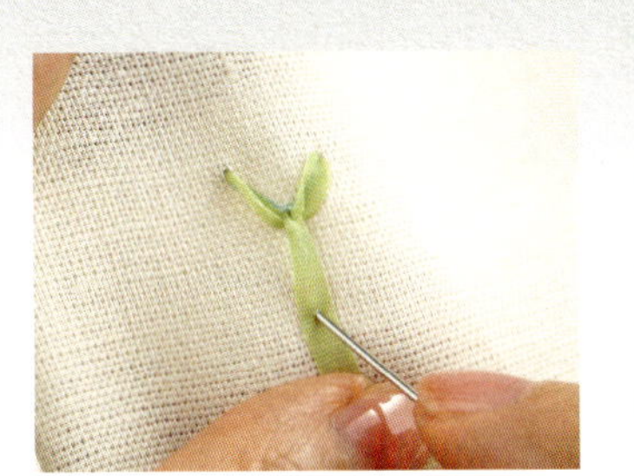

3 リボンの上から**4**に針を刺してとめます。

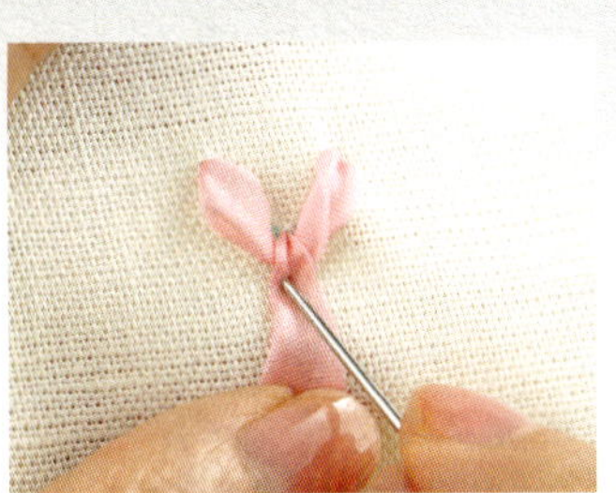

4 短めにとめるときは、こんな感じでとめます。

ダブルフライステッチ

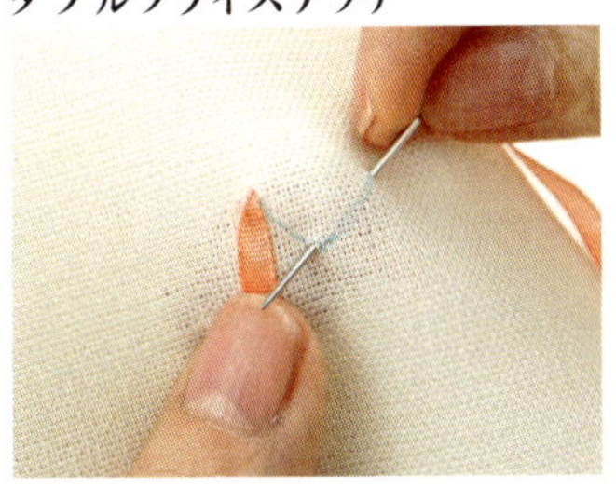

1 **1**から針を出して、リボンを左手で押さえながら、**2**に入れ**3**から針を出します。

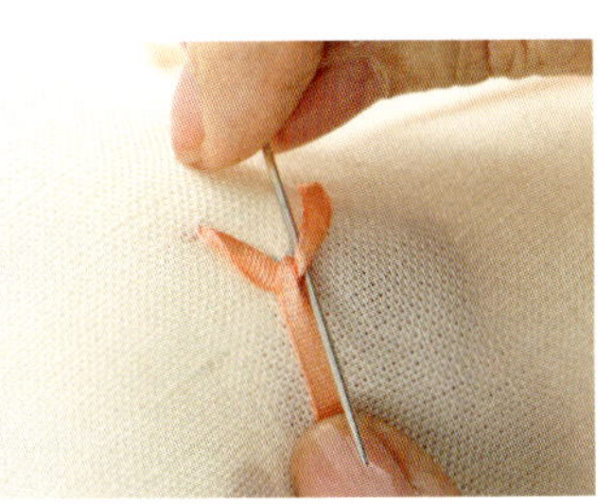

2 ゆっくりとリボンを引いて形を整え、**3**の隣のリボンをすくって針を通します。

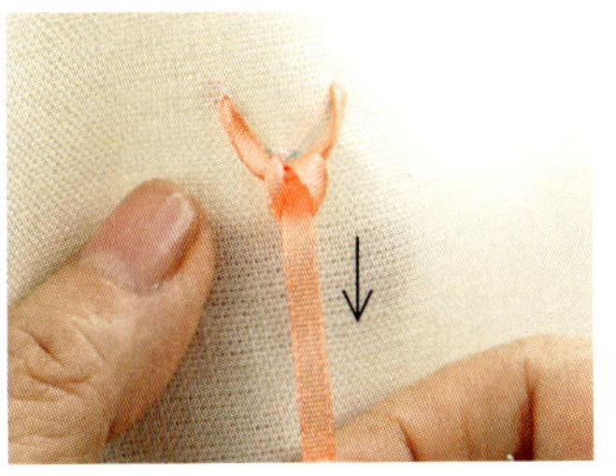

3 リボンを下に引いて整えます。

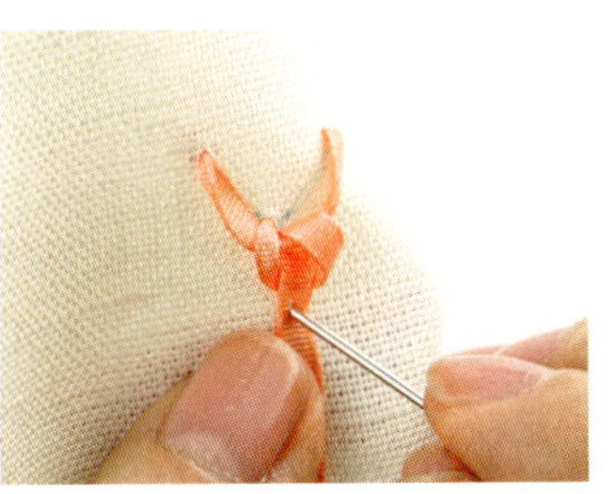

4 リボンの上から**4**に針を刺してとめます。

ステッチは実物大

Ⓐ

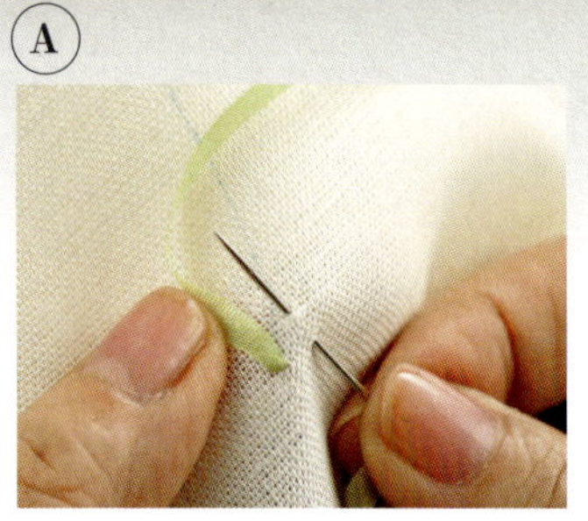

1 布を上下逆にして始めます。**1**(図案線上)から針を出して、リボンを左手で押さえながら、**2**(図案線の右)に入れ**3**(図案線上)から針を出します。

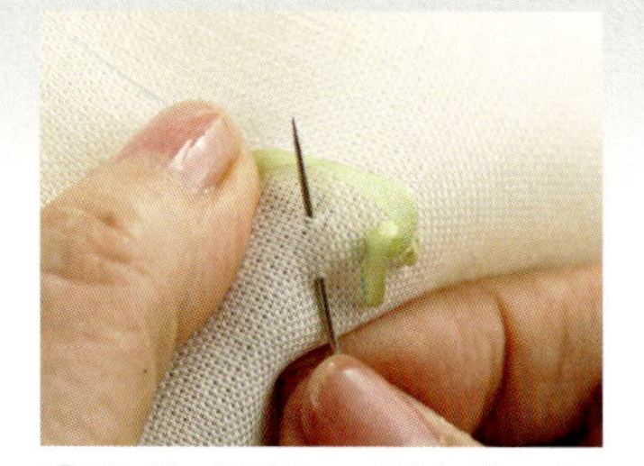

2 リボンを引き、**4**(図案線の左)から針を入れ、**5**(図案線上)から出します。

3 1、2をくり返します。

4 刺し終わりはリボンの上から針を刺してとめます。

Ⓑ

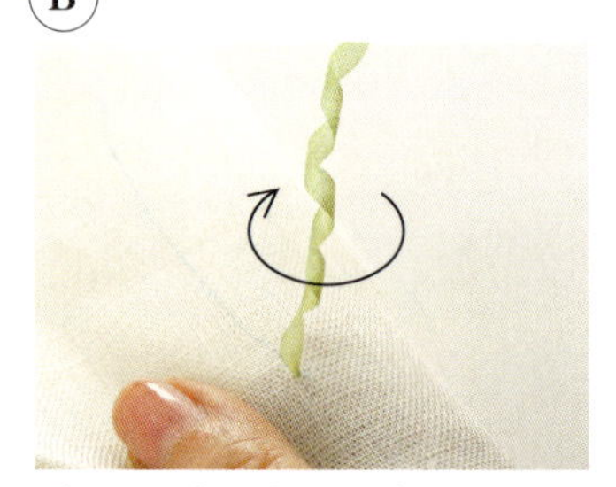

1 **1**から針を出して、針を回してリボンを撚ります。

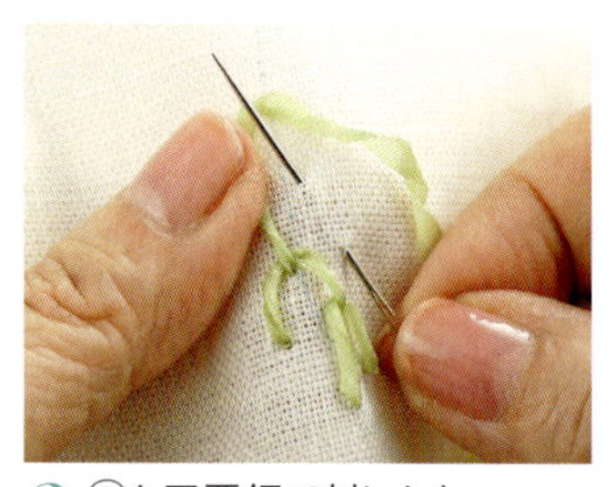

2 Ⓐと同要領で刺します。

Ⓒ

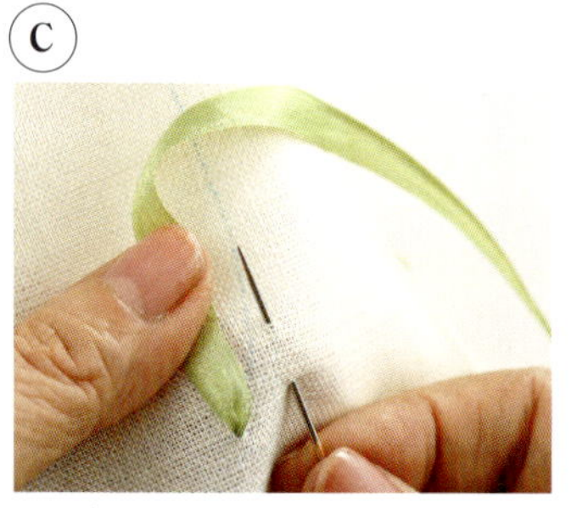

1 布を天地逆にして始めます。**1**(図案線上)から針を出して、リボンを左手で押さえながら、**2**(図案線の右)に入れ**3**(図案線上)から針を出します。

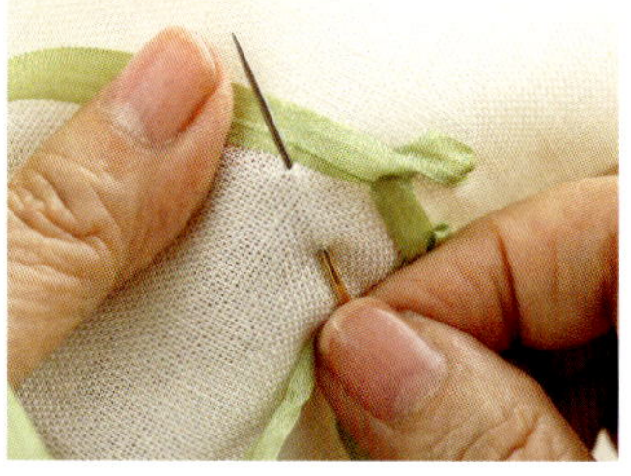

2 リボンを引き、**4**(図案線の左)から針を入れ、**5**(図案線上)から出します。1、2をくり返します。

Chained Stitches & Looped Stitches 16

ブランケット ステッチ
Blanket stitch

No.1541

No.1547

ステッチは実物大

1 **1**から針を出して、リボンを左手で押さえながら、**2**に入れ**3**から針を出します。

2 リボンを針にかけてゆっくりと引いて形を整えながら**2**、**3**をくり返します。

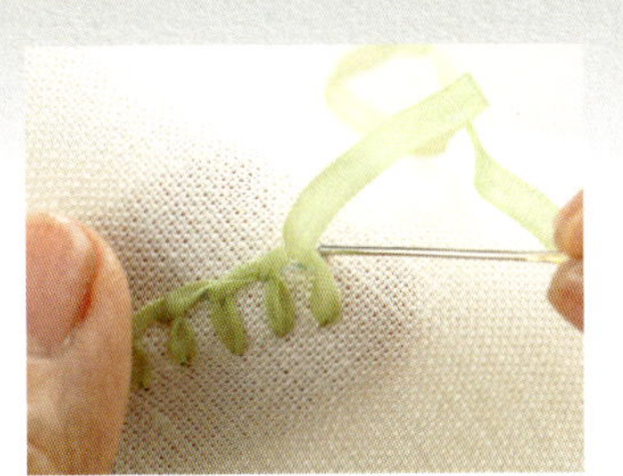

3 刺し終わりは布に針を入れます。

ステッチの方向をかえるとき

1 方向をかえたい位置まで同要領で刺します。

2 布を天地逆にして、リボンを左手で押さえながら、図案線をはさんで反対側から針を入れます。

3 そのまま刺し進みます。（どちらの方向からでも刺すことが出来ます）

最初とつなぐとき

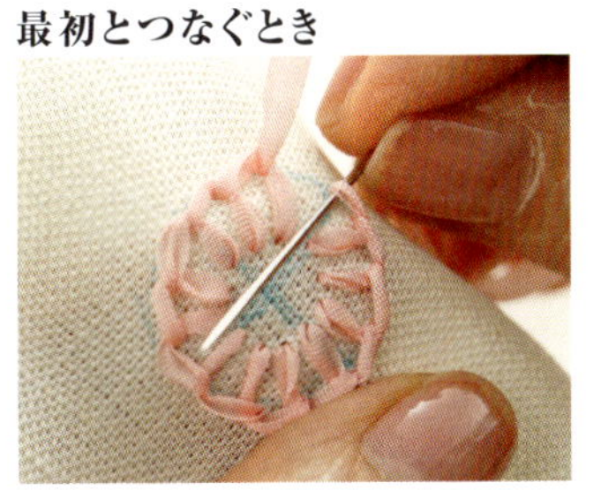

1 円を刺したときなど、1周したら、刺し始めのリボンをすくって針を通します。

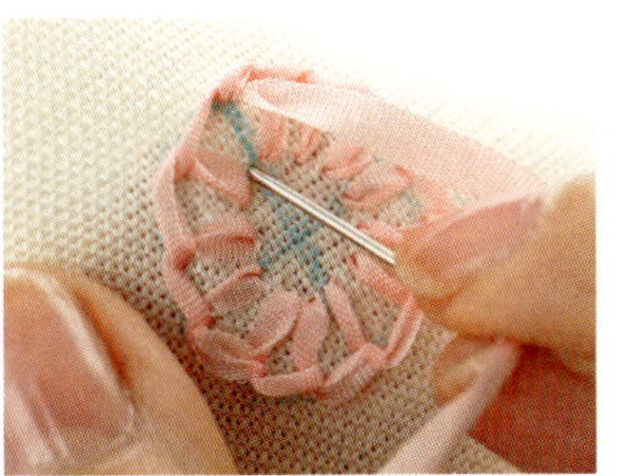

2 布に針を入れ、つなぎます。

ステッチは実物大

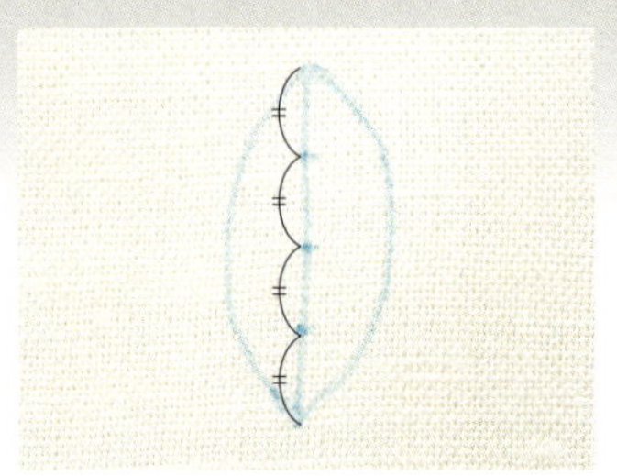

1 葉の図案を写したら、刺す角度の目安のため中央線に四等分の印をつけておきます。

2 1から針を出して、2に入れ3から針を出します。

3 4から針を入れ、5(2のすぐ下)から出します。

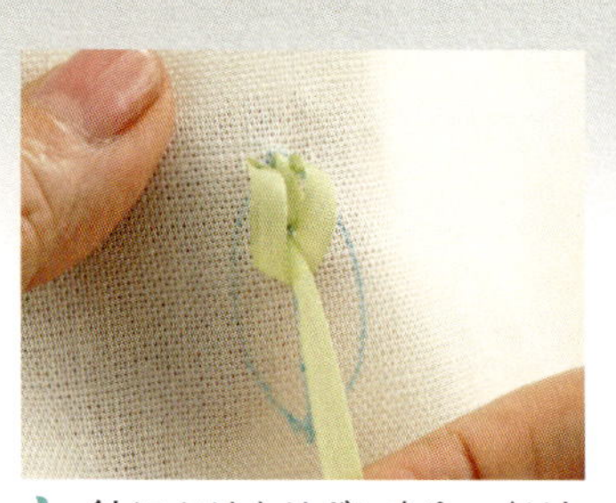

4 針にかけたリボンをゆっくりと引きます。

5 リボンを持って垂直にゆらしながら形を整えます。

6 6に針を入れて、3に針を出します。

7 3～6をくり返します。

8 刺し終わりはリボンの上から針を刺してとめます。

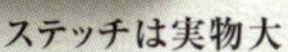
ステッチは実物大

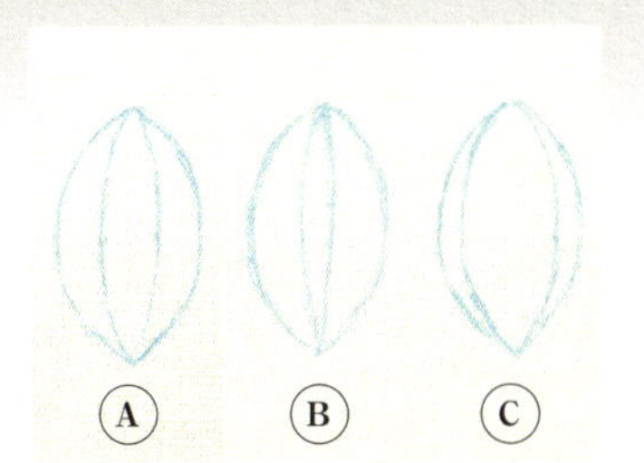

葉の刺し方によって図案線の描き方を変えて準備します。

Ⓐ

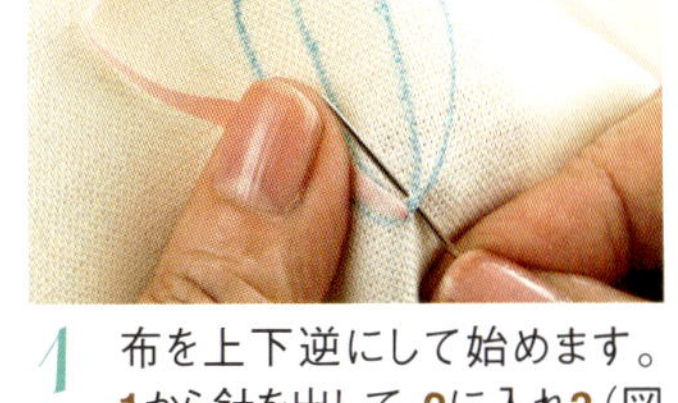

1 布を上下逆にして始めます。**1**から針を出して、**2**に入れ**3**（図案線より内側1mm）から針を出します。

2 **4**に入れ**5**（図案線より内側1mm）から針を出します。

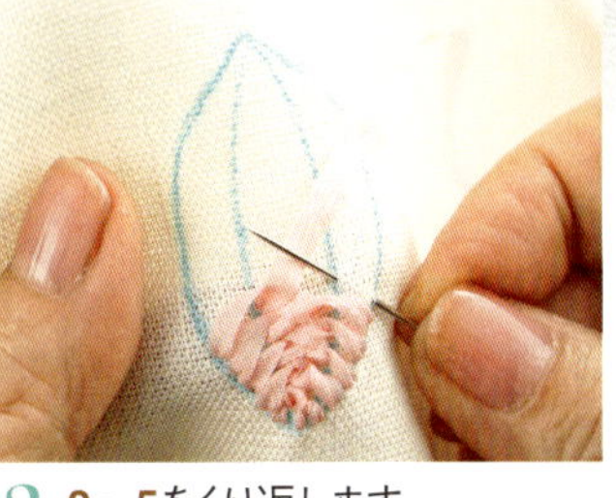

3 **2**～**5**をくり返します。

4 布の上下を戻して、刺し終わりはリボンの上から針を刺してとめます。

Ⓑ

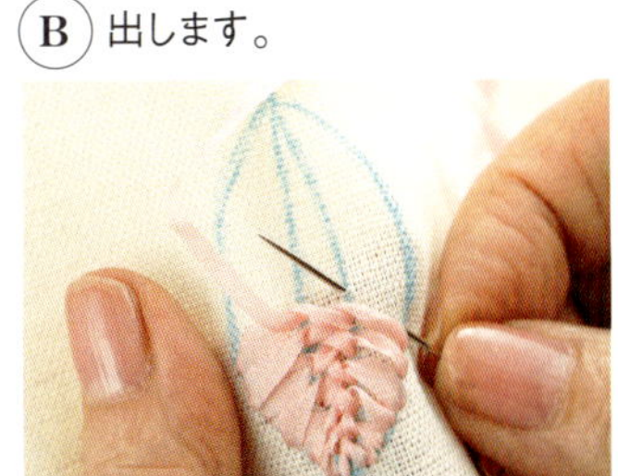

Ⓐと同要領で刺しますが、針ですくう分が多いので真ん中の重なりが少なくなります。

Ⓒ

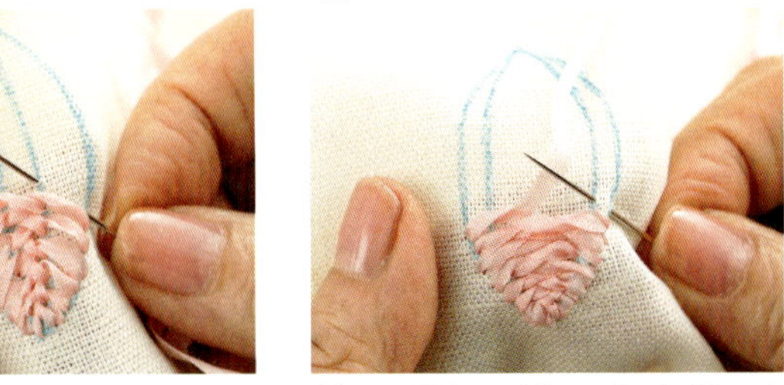

Ⓐと同要領で刺しますが、針ですくう分が少ないので真ん中の重なりが多くなります。

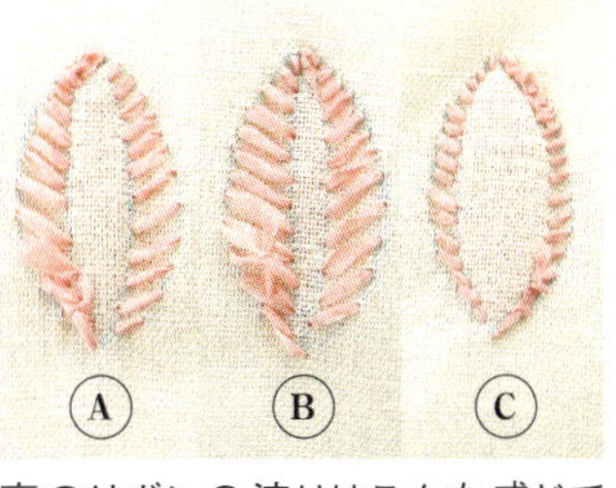

裏のリボンの渡りはこんな感じで違います。

Knotted Stitches & Composite Stitches

結び目のステッチと組み合わせのステッチ

材料

エンブロイダリーリボン

(No.1540-3.5mm)col.095　col.357　col.364　(No.1540-7mm)col.034　col.035　col.163　col.356

(No.1541)col.015　col.102　col.143　col.429　(No.1544)col.3　col.5

(No.1545)col.4　(No.1546)col.17　(No.1547-4mm)col.33

DMC5番刺しゅう糸　col.3053

ステッチは実物大

Knotted Stitches & Composite

結び目のステッチと組み合わせのステッチ

結び目のステッチは、平らなステッチと比べ盛り上がりがあるので、
花心に使ったり、ちょっとニュアンスが欲しいときに便利です。
組み合わせのステッチは2〜3種類のステッチを組み合わせることによって、
立体感と豪華さが出ます。
簡単なステッチの組み合わせなので、ぜひ挑戦してみてください。

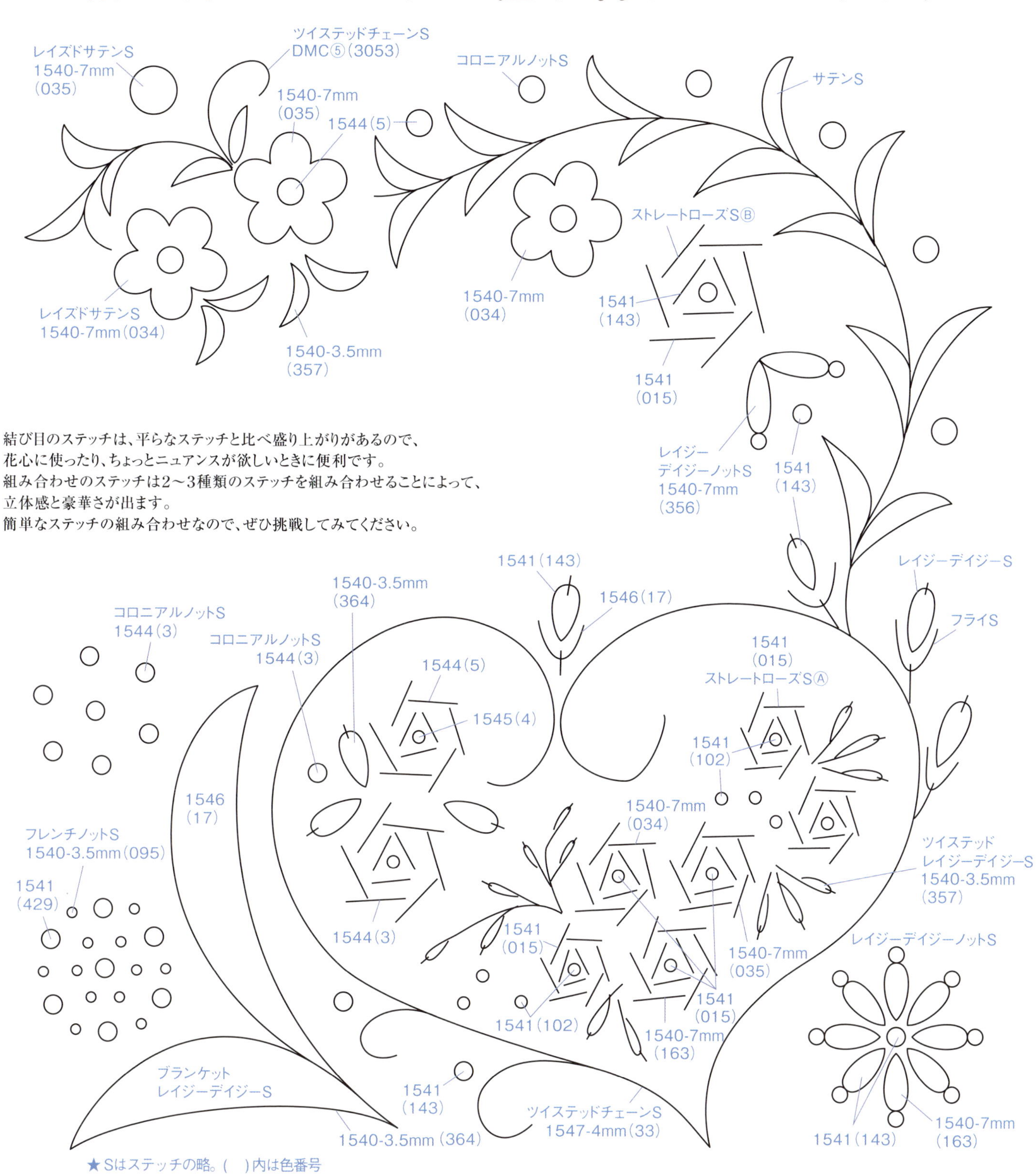

★Sはステッチの略。( )内は色番号

巾着2種

コロニアルノットステッチや
フレンチノットステッチなどの結び目のステッチは、
花の中心だけでなく、つぼみのような小さな花をあらわしたり、
複数の結び目のステッチで花を表すことができる
可愛いステッチです。

作り方 90ページ

ポーチ

葉の部分に使っているレイジーデイジーノットステッチⒷは、
ツイステッドレイジーデイジーステッチの先に
フレンチノットステッチを組み合わせたもの。
花のストレートローズステッチⒷは、
ストレートローズステッチⒶとブランケットステッチ
それぞれ組み合わせることで、面白い表情が生まれます。

作り方 92ページ

6

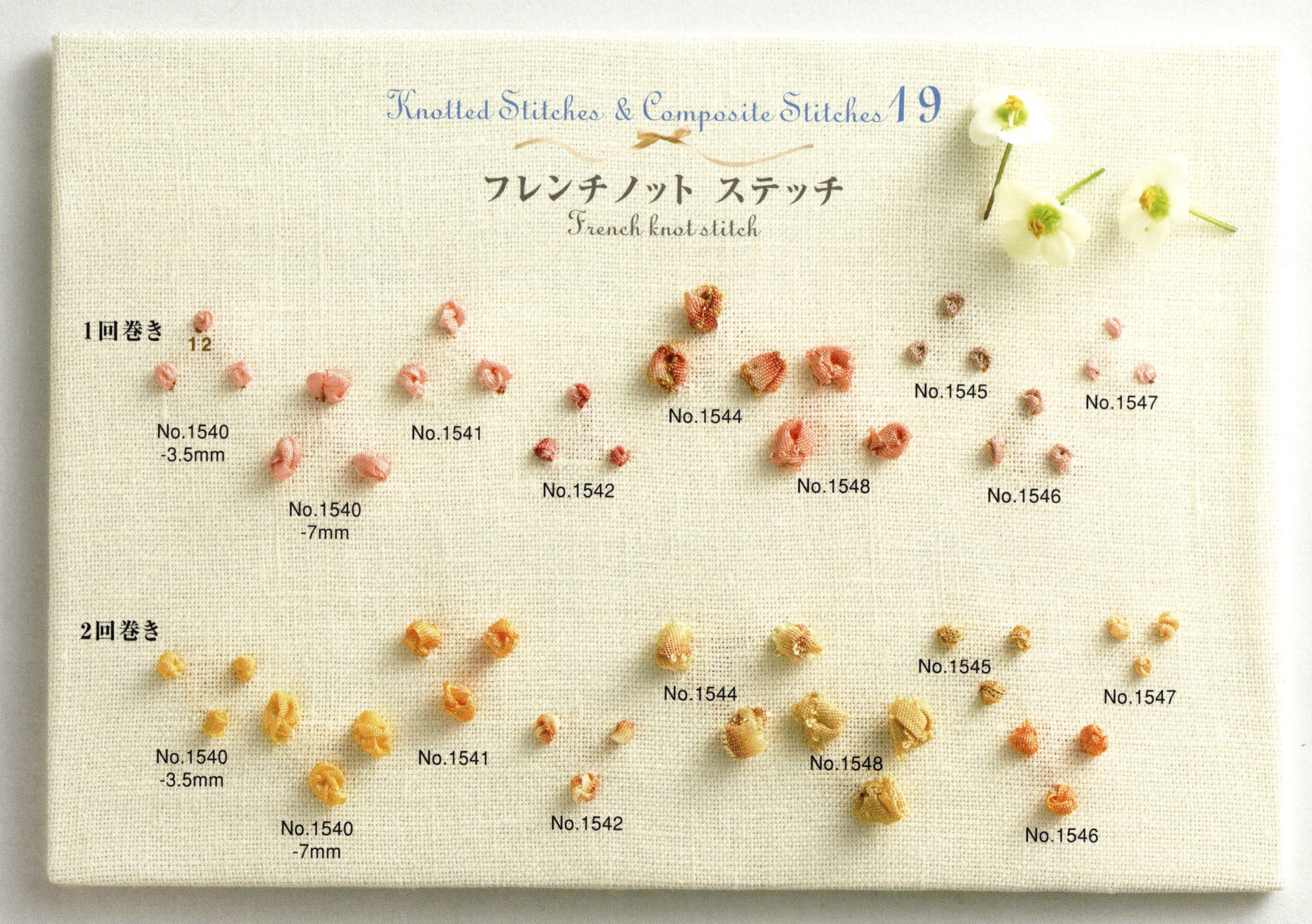

ステッチは実物大

1回巻き

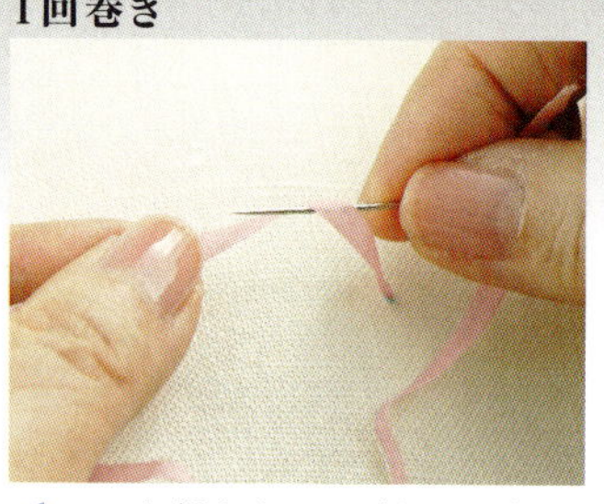

1 **1**から針を出して、針にリボンを1回巻きます。

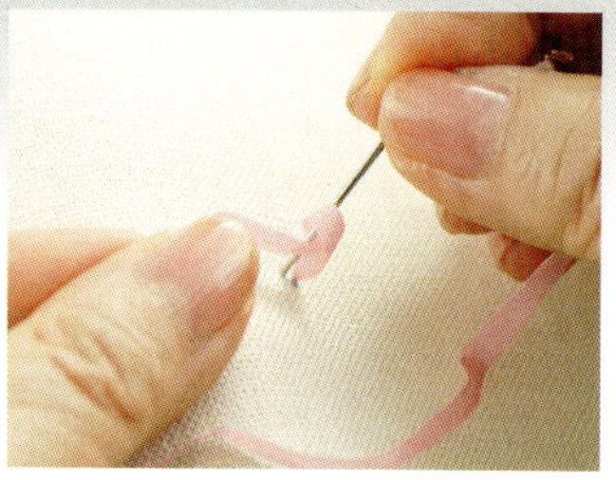

2 すぐとなりの**2**に針を入れます。

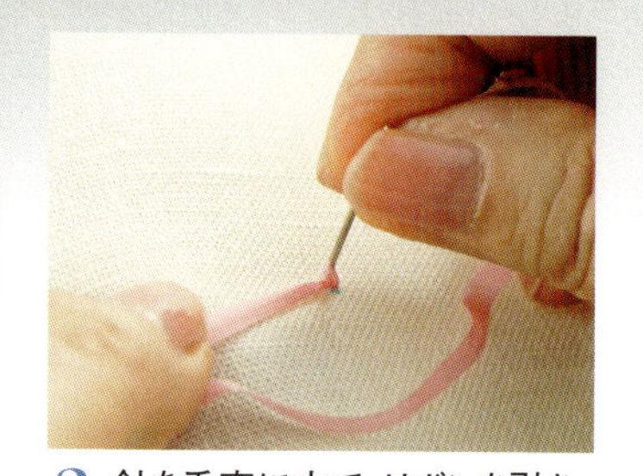

3 針を垂直に立て、リボンを引き、形を整えます。

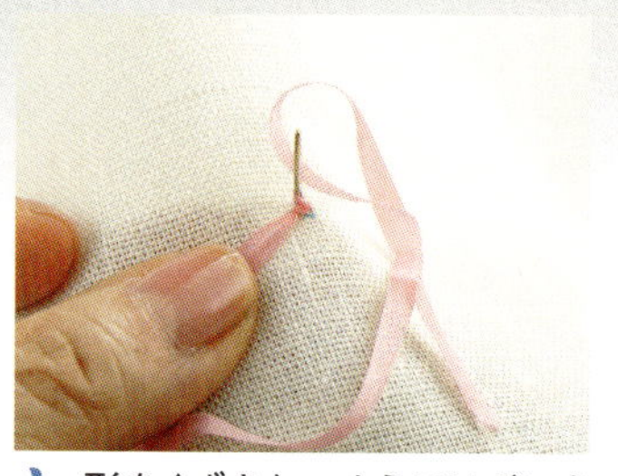

4 形をくずさないようにリボンをおさえ、針を引き抜きます。

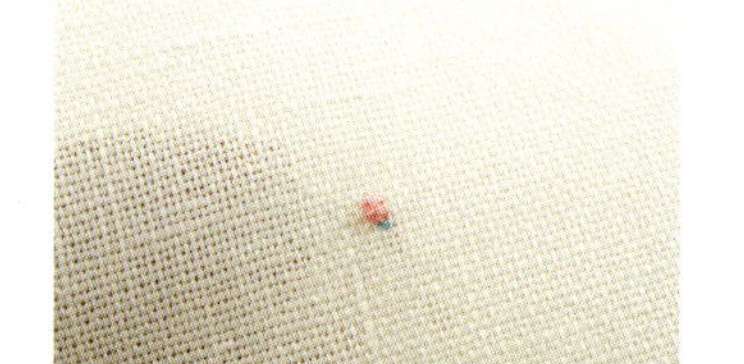

5 出来上がりです。

2回巻き

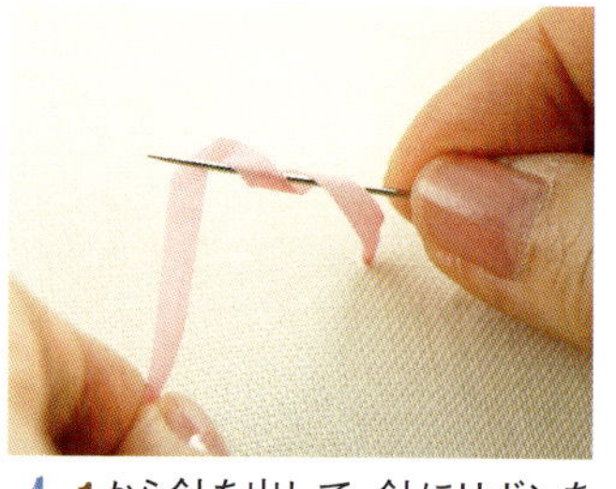

1 **1**から針を出して、針にリボンを2回巻きます。

2 そのまま針を布に刺して垂直に立て、リボンを引いて形を整えます。

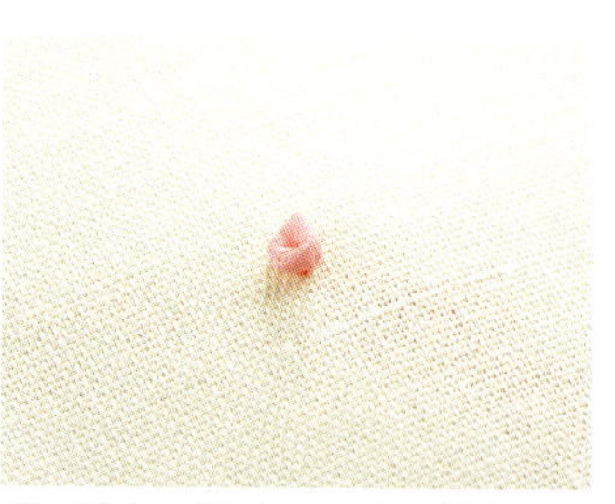

3 形をくずさないように針を引き抜き、出来上がりです。

Knotted Stitches & Composite Stitches 20

コロニアルノット ステッチ

Colonial knot stitch

1 2

No.1540 -3.5mm　No.1540 -7mm　No.1541　No.1542　No.1544　No.1548　No.1545　No.1546　No.1547

No.1540 -3.5mm　No.1540 -7mm　No.1541　No.1542　No.1544　No.1548　No.1545　No.1546　No.1547

ステッチは実物大

1 1から針を出してリボンを左手で手前に持ち、右手で針をあてます。

2 矢印のようにリボンを巻きつけます。

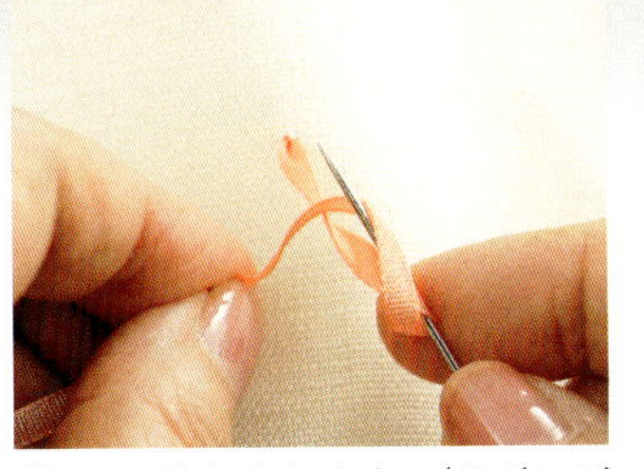

3 2に針を入れます。（リボンが針の上で8の字になっています）

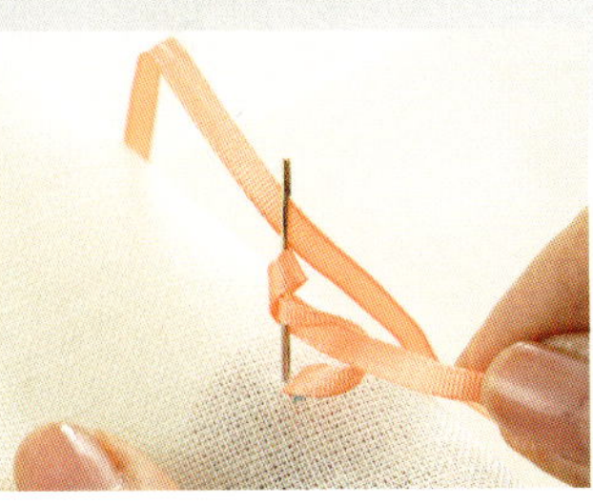

4 針を垂直に立て、リボンを引きます。

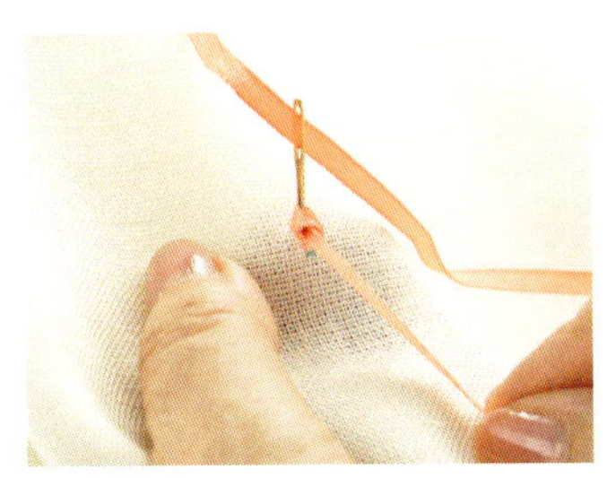

5 形を整えます。

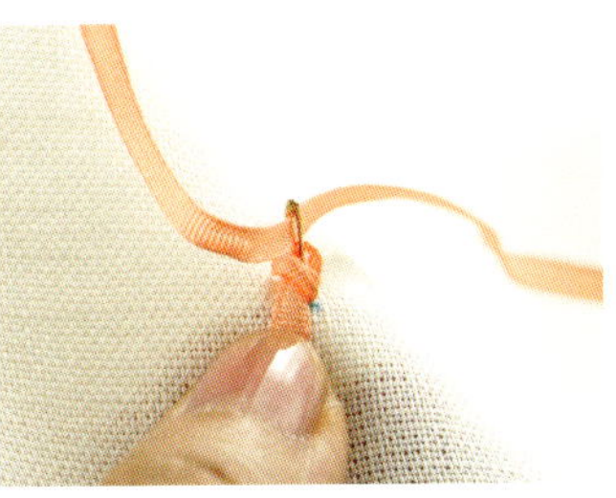

6 形をくずさないように針を引き抜きます。

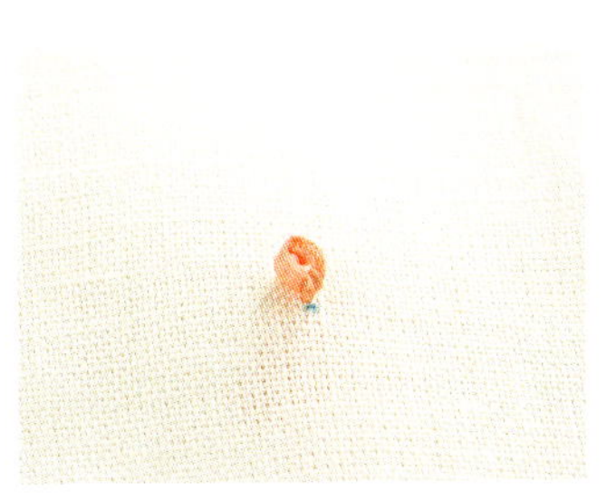

7 出来上がりです。

かたいリボンのとき

同要領で刺します。ゆるめに針を抜きます。

ステッチは実物大

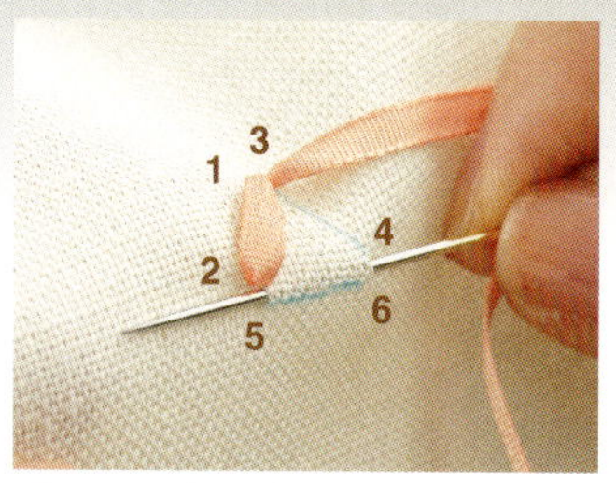

1 **1**から針を出して、**2**に入れ**3**から針を出し、**4**から入れ**5**に出します。

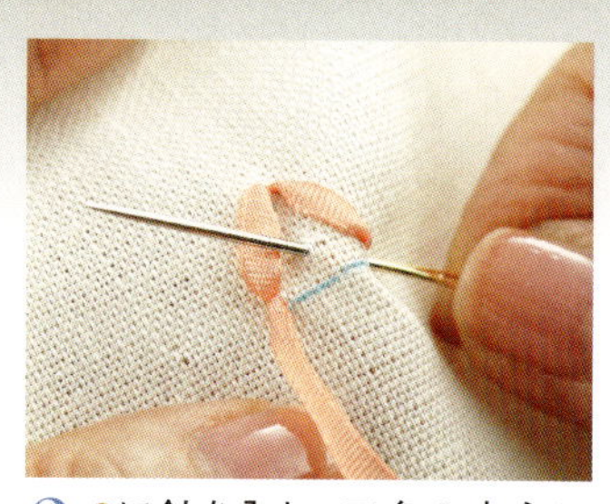

2 **6**に針を入れ、三角の中心に針を出します。

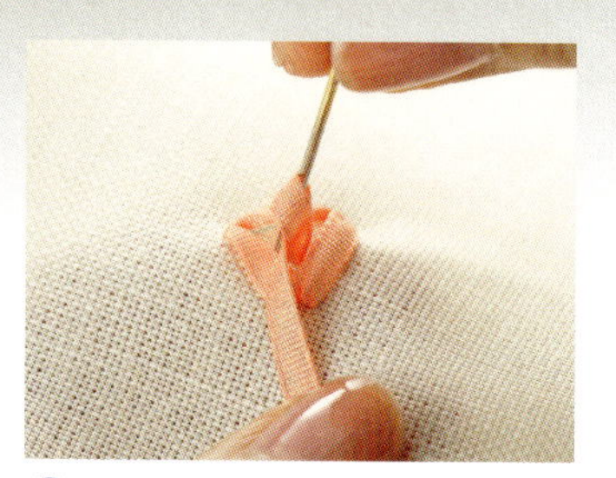

3 フレンチノットステッチの1回巻き(→38ページ)を刺します。

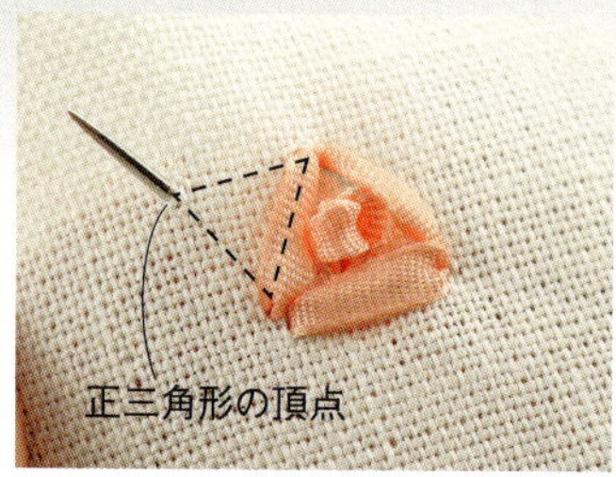

4 裏でリボン端の始末をします。新しいリボンを針に通し、正三角形の頂点の位置に出します。

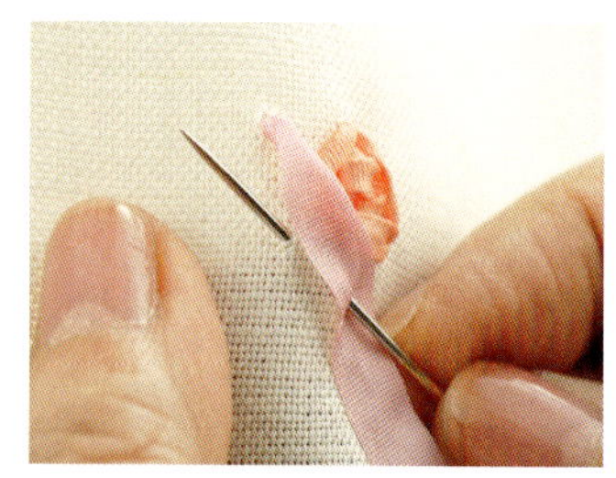

5 一針めはリボンの中心に針を刺し、一針の半分より少し短くすくいます。

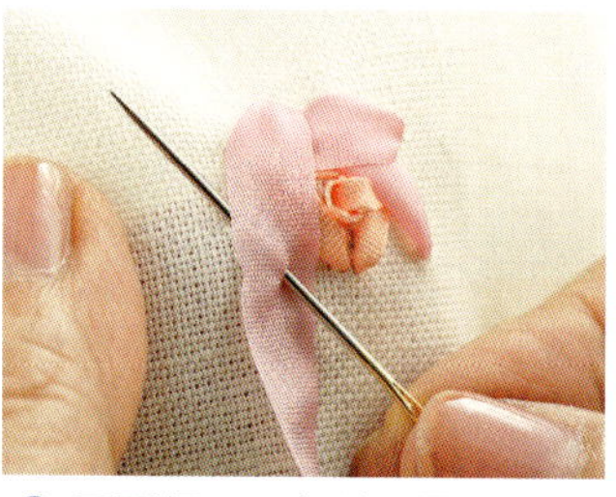

6 同要領で三角形の周りに刺していきます。

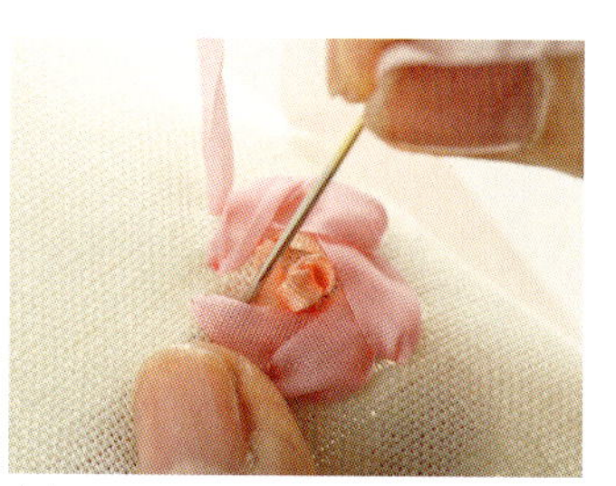

7 6〜7針くらい刺して、刺し終わりは刺し始めの一針の内側に刺します。

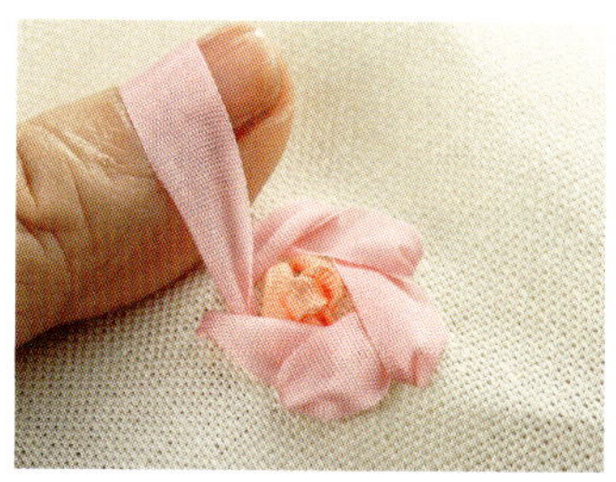

8 リボンのねじれを直しながらゆっくりと引きます。

Knotted Stitches & Composite Stitches 22

ストレートローズ ステッチB

Straight rose stitch B

ステッチは実物大

1 まずストレートローズステッチⒶ(→40ページ)の1〜3までと同じように刺します。リボンをかえて刺し始めの位置から針を出し、渡っているリボンに通して結びます。

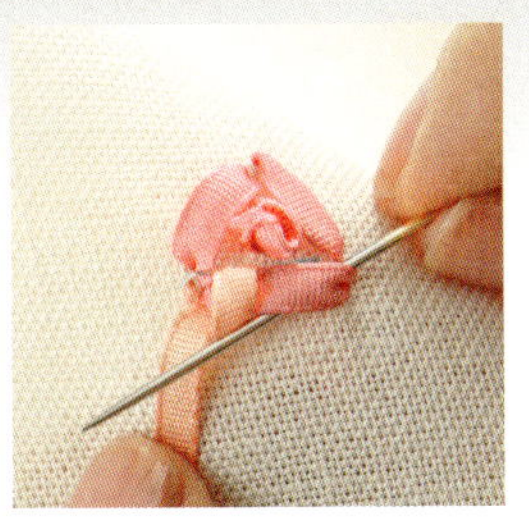

2 一辺に2つずつブランケットステッチのようにくぐらせます。

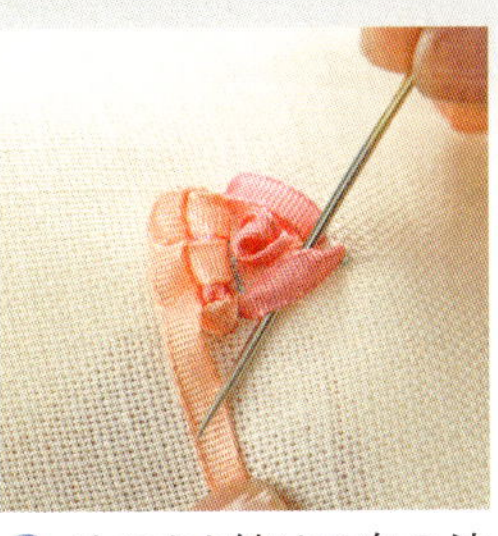

3 そのまま続けて次の渡っているリボンに進みます。

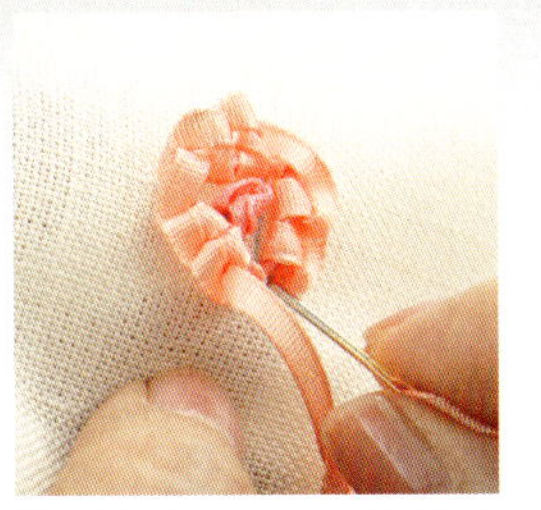

4 刺し終わりは刺し始めのリボンのところに針を入れます。

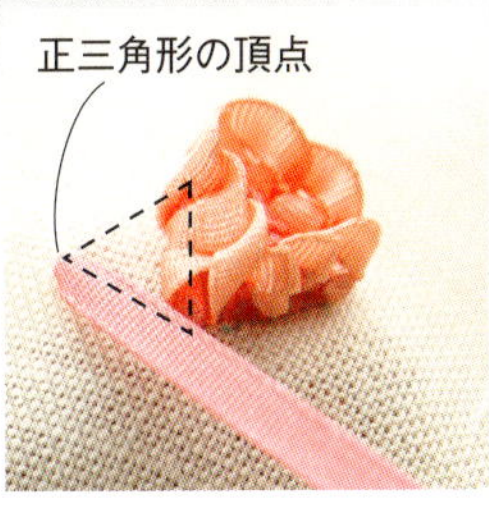

5 新しいリボンを針に通し、正三角形の頂点の位置に出します。

6 ストレートローズステッチⒶ(→40ページ)の4〜8までと同じように刺します。

7 もっと大きくするときは、刺し始めの位置から針を出します。

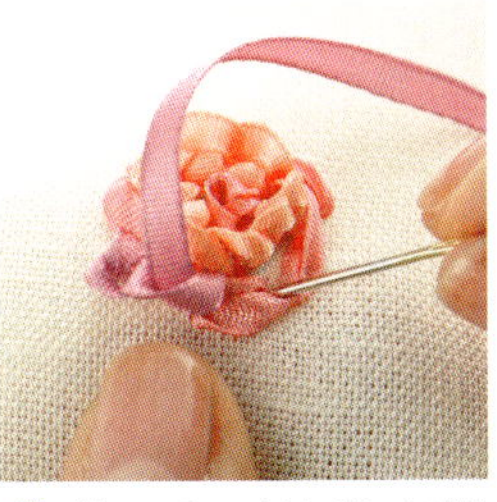

8 渡っているリボンに通してブランケットステッチのようにくぐらせます。

9 一辺に3つずつくぐらせて布に針を入れ、また出してくぐらせるをくり返します。

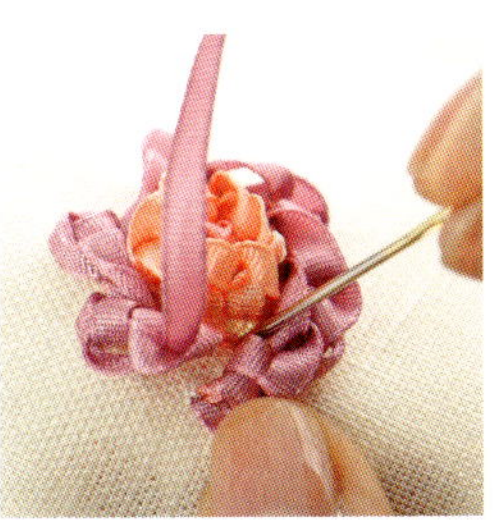

10 刺し終わりは刺し始めのリボンのところに針を入れます。

ステッチは実物大

Ⓐ

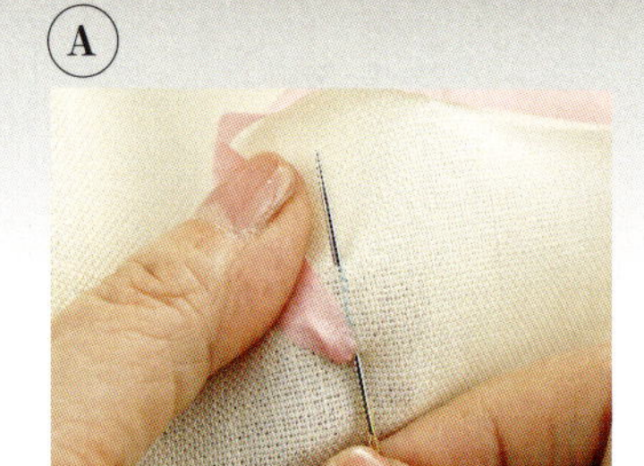

1 1から針を出して、リボンを左手で押さえながら、2(1の右側)に入れ3から針を出します。

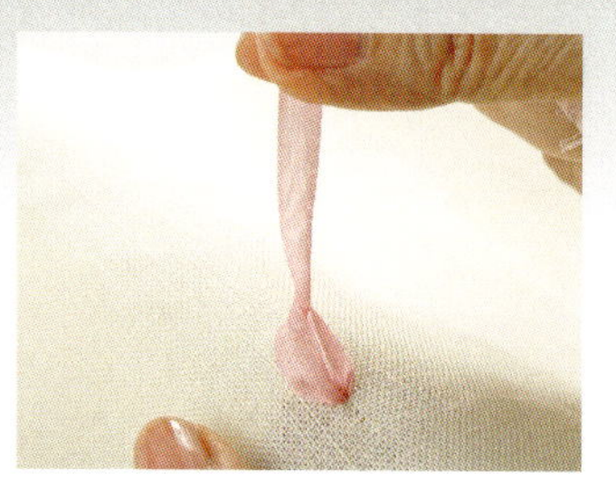

2 リボンを針にかけてゆっくりと引いて輪を作り、リボンを持って垂直にゆらしながら輪をしめていきます。

3 針にリボンをかけ、フレンチノットステッチ1回巻き(→38ページ)をします。

4 4に針を刺してとめます。

Ⓑ

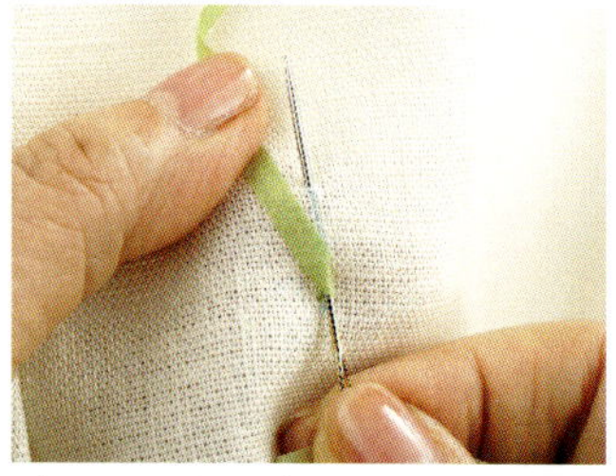

1 1から針を出して、リボンを左手で押さえながら、2に入れ3から針を出します。

2 リボンを針にかけてゆっくりと引いて輪を作り、リボンを持って垂直にゆらしながら輪をしめていきます。

3 針にリボンをかけ、フレンチノットステッチ1回巻き(→38ページ)をします。

4 4に針を刺してとめます。

Knotted Stitches & Composite Stitches 24

ブランケットレイジーデイジー ステッチ

Blanket lazy daisy stitch

ステッチは実物大

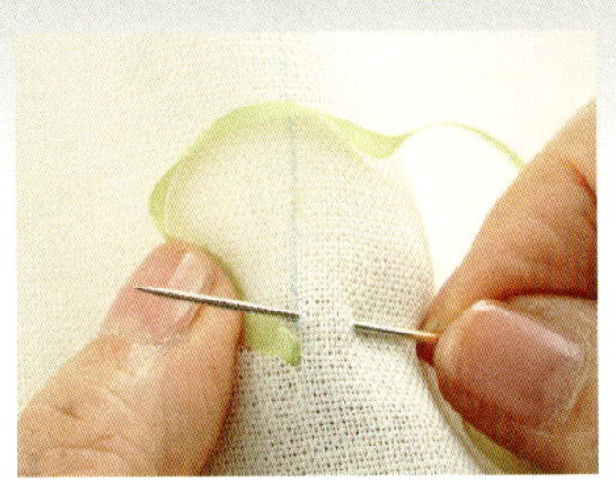

1 **1**から針を出して、リボンを左手で押さえながら、**2**に入れ**3**から針を出します。

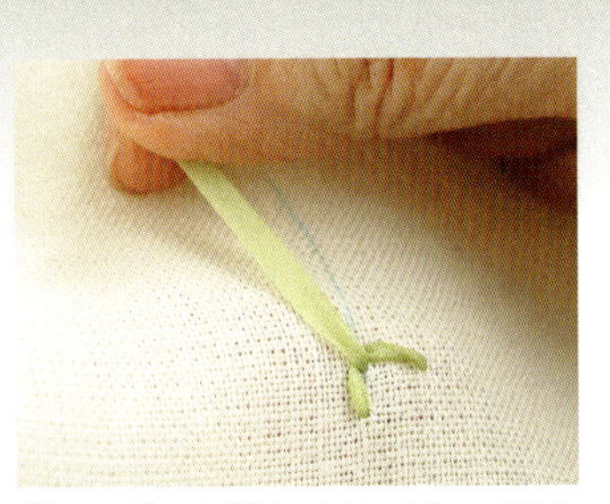

2 リボンを針にかけてゆっくりと引いて形を整えます。

3 **4**から針を入れて**5**に出します。

4 リボンを針にかけてゆっくりと引いて輪を作ります。

5 リボンを持って垂直にゆらしながら輪をしめていきます。

6 続けて**6**から針を入れて**7**に出します。

7 **3**〜**6**をくり返します。

8 刺し終わりはリボンの上から針を刺してとめます。

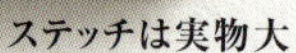
ステッチは実物大

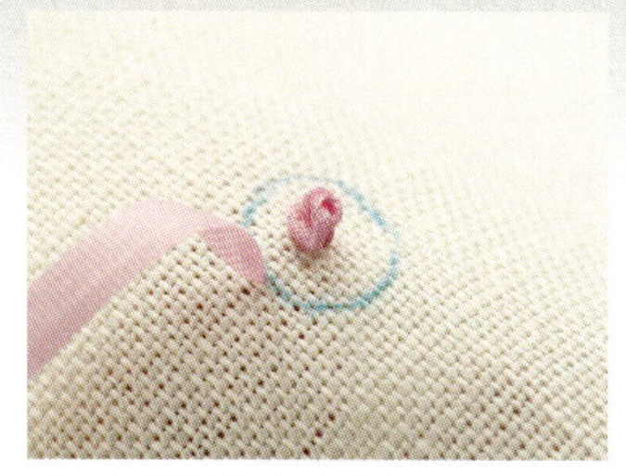

1 まず図案の中心にフレンチノットステッチ1回巻き(→38ページ)をします。図案線のところから針を出します。

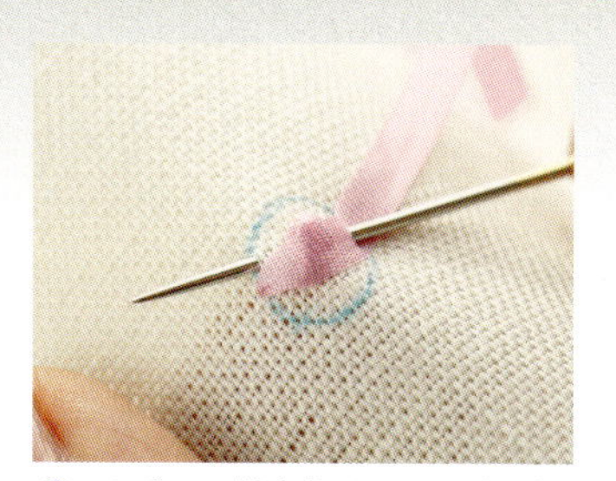

2 リボンに針を入れてとめながら横方向に中心より半分を刺します。

3 続けて残りの半分も刺します。ここまでは下地なのでリボンのねじれは気にせず刺します。

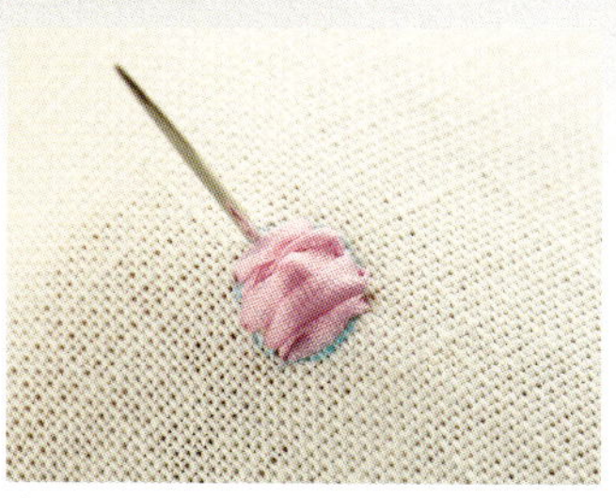

4 縦方向を刺します。**1**から針を出します。

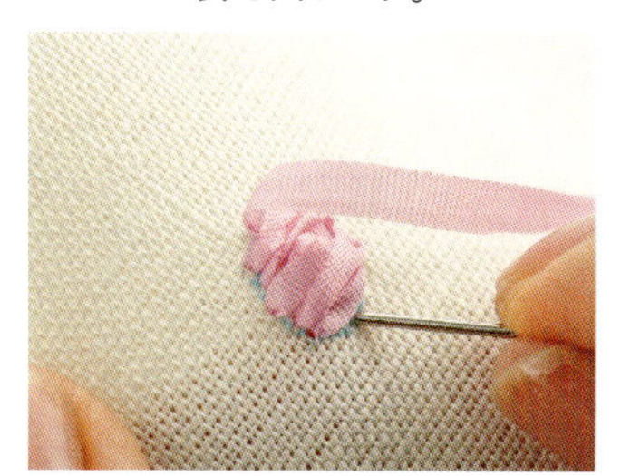

5 **2**に針を入れます。

6 左手の親指を使ってリボンを整えながら、そっと引きます。

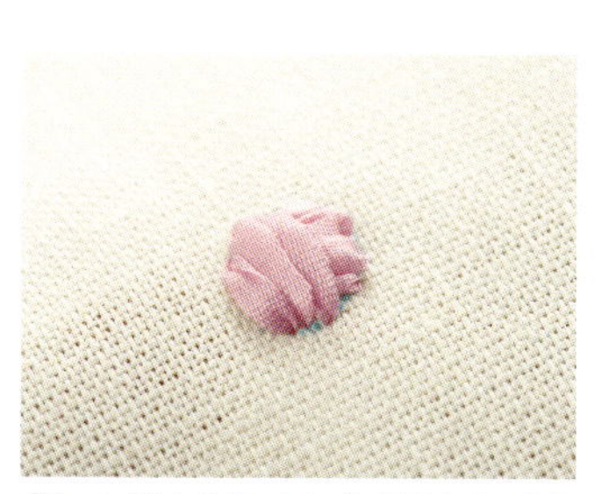

7 左側を刺したら右側も同じように刺します。

8 刺し終わりは布に針を入れます。

ステッチは実物大

1 レイジーデイジーステッチ(→28ページ)を刺します。

2 5から針を出します。

3 6に針を入れ、7から出します。

4 リボンを下に引きながら、形を整えます。

5 刺し終わりはリボンの上から針を刺してとめます

お花にするとき

1 ピンクのリボンでレイジーデイジーステッチ(→28ページ)を刺します。

2 グリーンのリボンにかえ、5から針を出し、6に針を入れ、7から出します。

3 刺し終わりはリボンの上から針を刺してとめます

Detached Stitches

布から浮かせたステッチ

材料

エンブロイダリーリボン

(No.1540-3.5mm)col.035　col.095　col.356　col.364　col.374　(No.1540-7mm)col.035　col.163
(No.1541)col.063　col.102　col.419　col.429　col.465　(No.1542)col.2　col.4
(No.1544)col.3　col.5　(No.1545)col.3　(No.1546)col.5
DMC5番刺しゅう糸　col.225　col.543　col.3053

ステッチは実物大

布から浮かせたステッチ

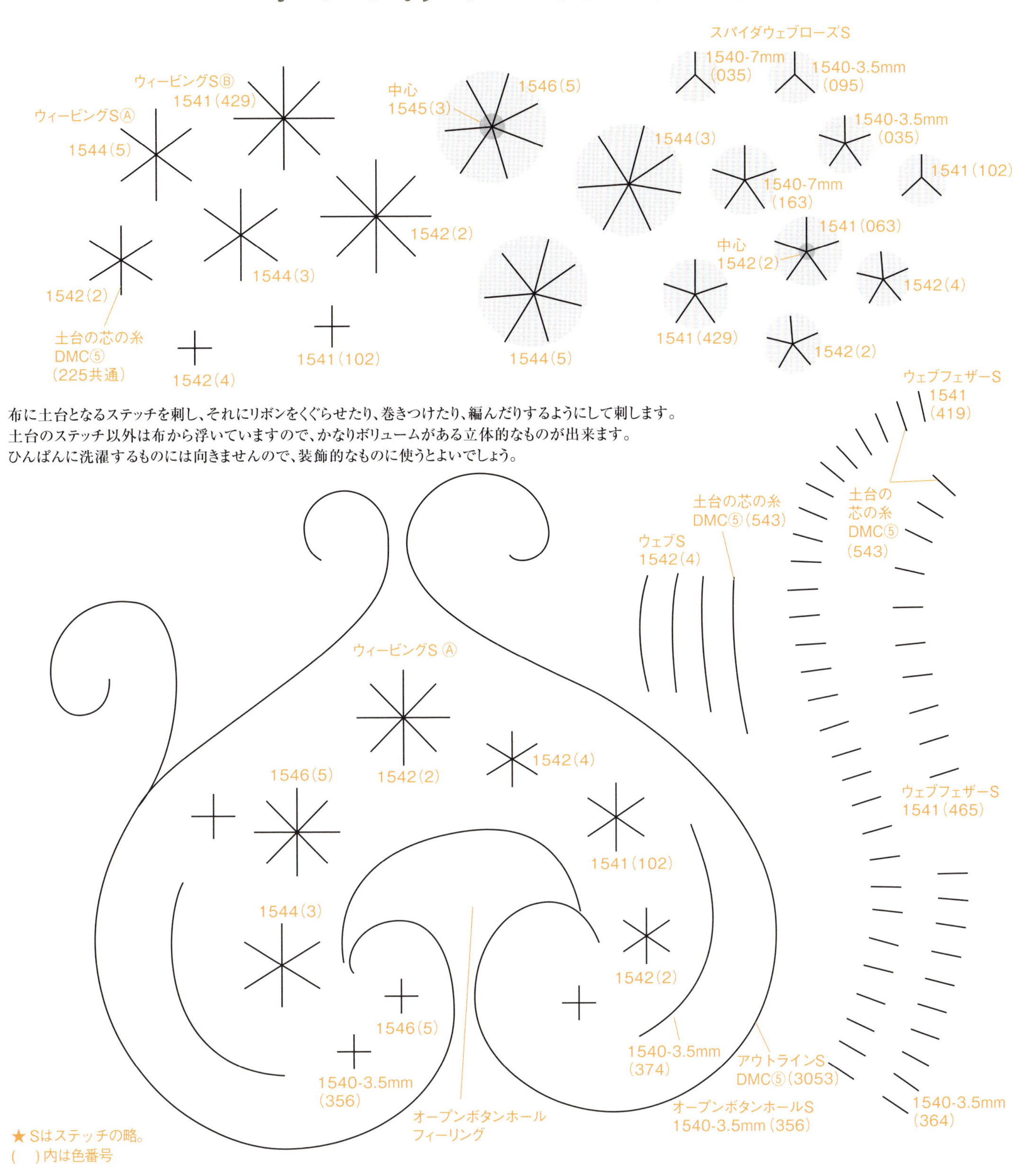

布に土台となるステッチを刺し、それにリボンをくぐらせたり、巻きつけたり、編んだりするようにして刺します。
土台のステッチ以外は布から浮いていますので、かなりボリュームがある立体的なものが出来ます。
ひんぱんに洗濯するものには向きませんので、装飾的なものに使うとよいでしょう。

★ Sはステッチの略。
(　) 内は色番号

ミニ額

スパイダーウェブローズステッチは、大きくしたり小さくしたり
花のミニ額にぴったりの華麗なステッチ。
お好みの額装でぜひ。

作り方 96ページ

7

10

8

11

9

12

13

16

14

17

15

18

ステッチは実物大

3本のとき

1 まず、5番刺しゅう糸(リボンと同系色)で土台になるステッチをします。刺し始めに一針小さく縫ってから、ストレートステッチを外側から中心へ刺すをくり返し、刺し終わりも一針小さく縫って裏で糸始末します。

2 先の丸い針(ニット地用)にリボンを通し、刺しゅう糸の際から出します。

3 右回りで刺しゅう糸の上、下と針を通します。

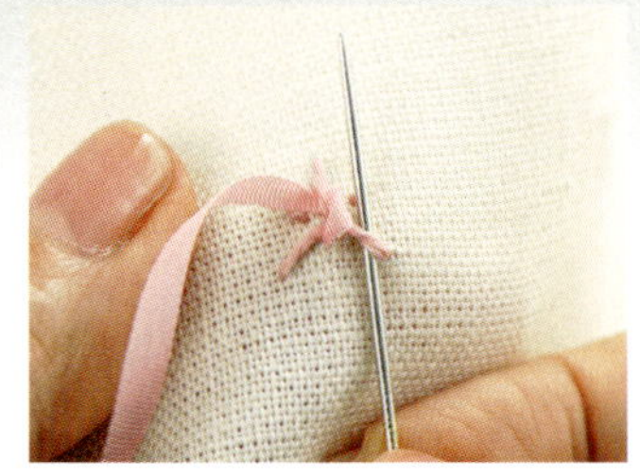

4 2周めも同要領で刺していきます。

5 外側の方になったら、軽くリボンを撚るとふんわりしたローズが出来ます。

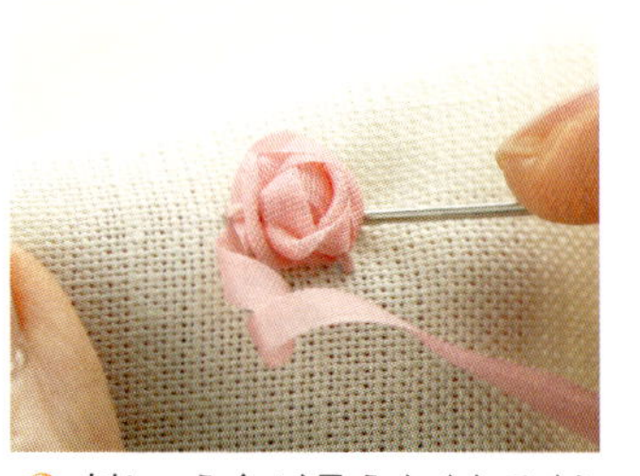

6 刺しゅう糸が見えなくなるくらいまで刺し、刺し終わりは奥の方へ針を入れます。

5本のとき

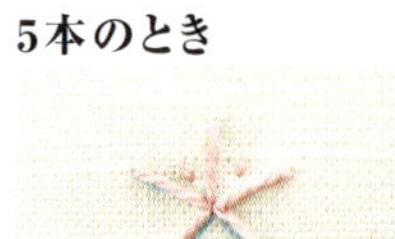
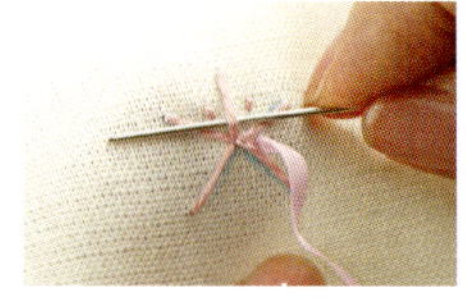

7本のとき

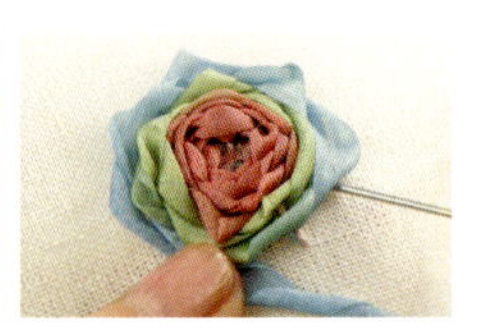

ステッチは実物大

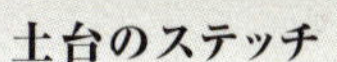

土台のステッチ

＜アウトラインステッチ＞

＜ブランケットステッチ＞

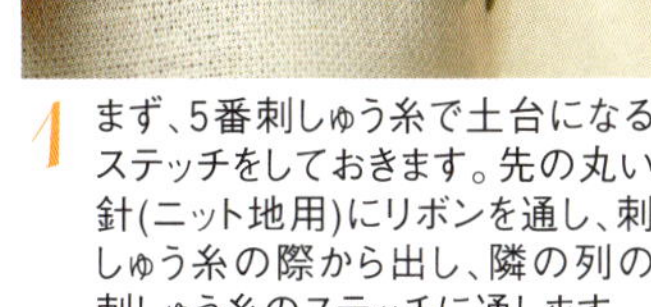

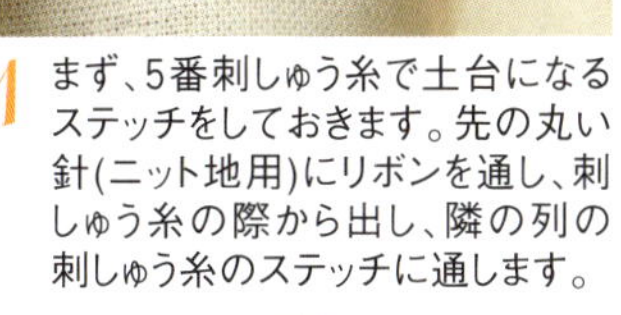

1 まず、5番刺しゅう糸で土台になるステッチをしておきます。先の丸い針(ニット地用)にリボンを通し、刺しゅう糸の際から出し、隣の列の刺しゅう糸のステッチに通します。

2 リボンをゆっくりと引いて整え、左から右に通していきます。

3 1列めの刺し終わりはステッチの列の際に針を入れます。

4 布地の天地を逆にして、3のすぐ上から針を出し、2列めを刺します。

5 往復で刺し、刺し終わりはリボンの上から針を刺してとめます。

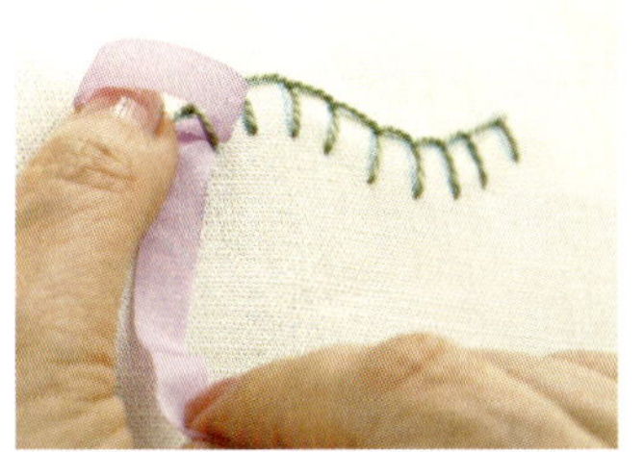

1 まず、5番刺しゅう糸で土台になるステッチをしておきます。先の丸い針(ニット地用)にリボンを通し、刺しゅう糸の際から出し、隣の列の刺しゅう糸のステッチに通します。

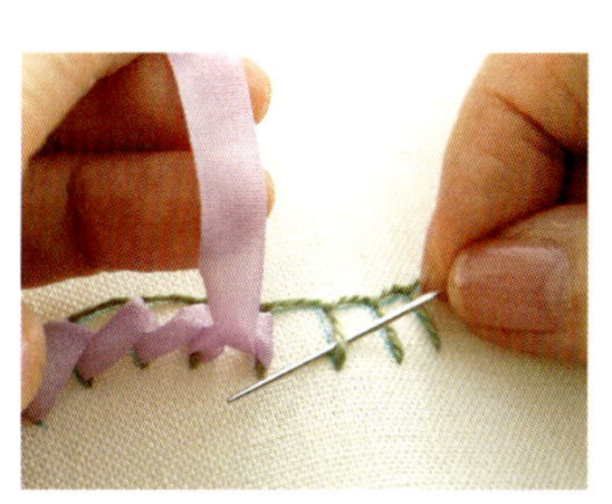

2 リボンをゆっくりと引いて整え、左から右に通していきます。刺し終わりはリボンの上から針を刺してとめます。

ステッチは実物大

6本のとき

1 まず、5番刺しゅう糸(リボンと同系色)で土台になるステッチを刺します。刺し始めに一針小さく縫ってから、**1**〜**6**までストレートステッチを刺し、**7**、**8**で交点をとめ、刺し終わりも一針小さく縫って裏で糸始末します。先の丸い針(ニット地用)にリボンを通し、刺しゅう糸の際から出します。

2 右回りで刺しゅう糸の下に針を通します。

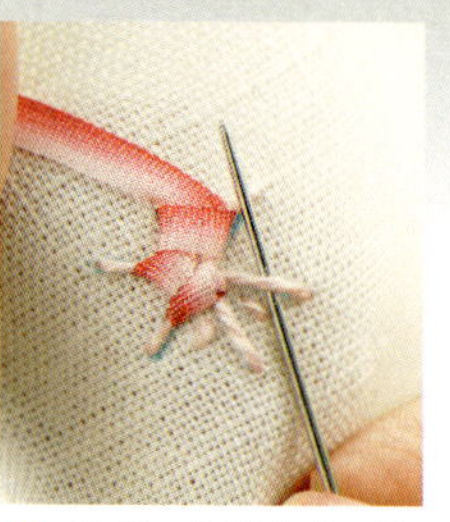

3 リボンを整えながら進みます。

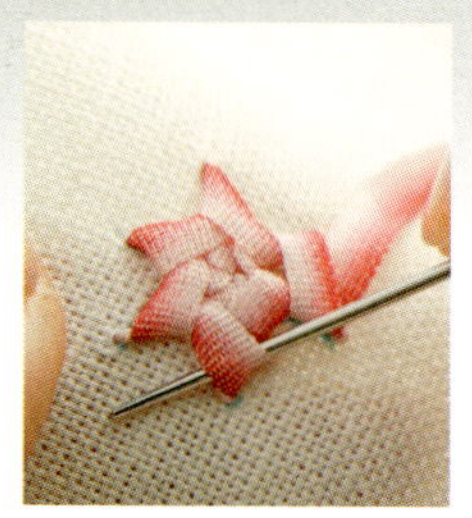

4 刺しゅう糸が見えなくなるくらいまで刺し、刺し始めのリボンに針を通します。

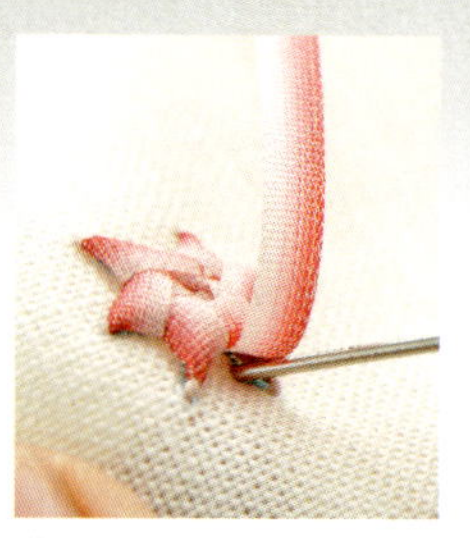

5 リボンの奥のほうの目立たないところに針を入れます。

4本のとき

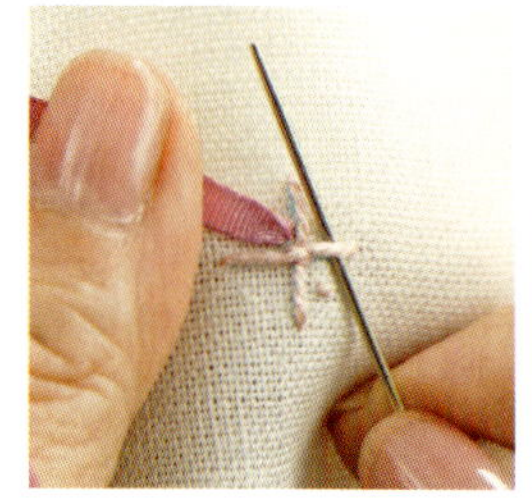

1 6本のときと同要領で始めます。

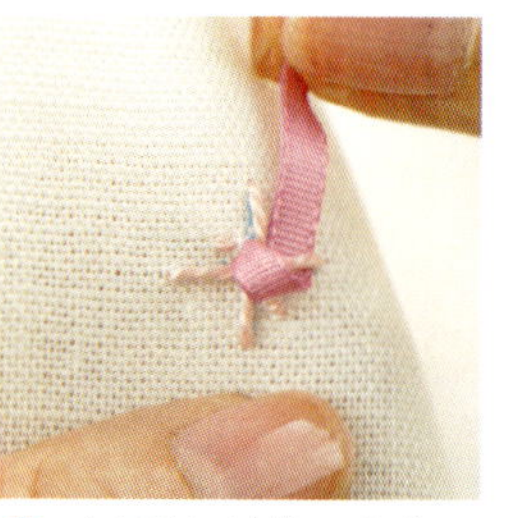

2 右回りで刺しゅう糸の下に針を通します。

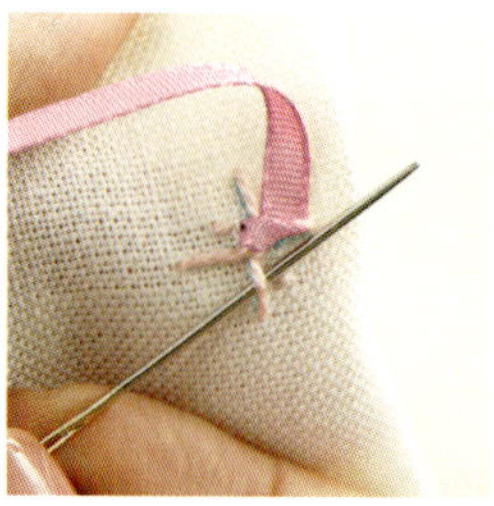

3 リボンを整えながら進みます。

4 刺しゅう糸が見えなくなるくらいまで刺し、刺し始めのリボンに針を通します。

8本のとき

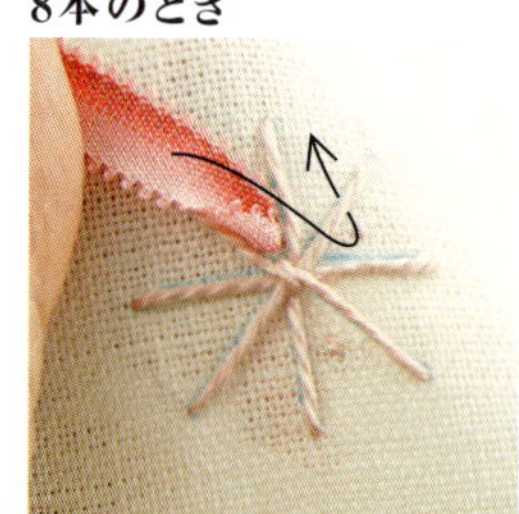

6本のときと同要領で始めます。

ステッチは実物大

6本のとき

1 ウィービングステッチⒶ（→52ページ）と同要領で始めます。

2 左回りで刺しゅう糸の下に針を通します。

3 リボンを整えながら進みます。

4 刺しゅう糸が見えなくなるくらいまで刺し、刺し始めのリボンに針を通します。

5 リボンの奥のほうの目立たないところに針を入れます。

4本のとき

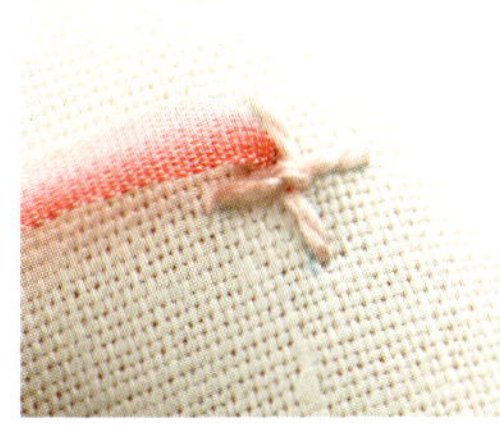

1 6本のときと同要領で始めます。

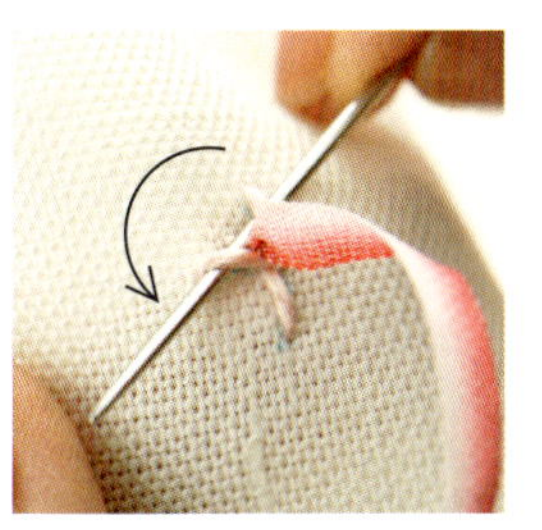

2 左回りで刺しゅう糸の下に針を通します。

3 リボンを整えながら進み、刺しゅう糸が見えなくなるくらいまで刺し、刺し始めのリボンに針を通します。

8本のとき

1 6本のときと同要領で始めます。

2 左回りで刺しゅう糸の下に針を通します。

ステッチは実物大

1回ずつ入れる

1 まず、5番刺しゅう糸で土台になるステッチを刺します。刺し始めに一針小さく縫ってから、ストレートステッチを並べて刺し、刺し終わりも一針小さく縫って裏で糸始末します。先の丸い針(ニット地用)にリボンを通し、ステッチの際から出し、下に針を通します。

2 左から針にリボンをかけ、引きます。

3 形を整えます。土台の糸の上でフェザーステッチ（→30ページ）を刺す要領です。

4 2本めのステッチの下に針を通し、リボンを右からかけ、引きます。

5 リボンを左右と交互にかけながら刺し進み、刺し終わりはリボンの上から針を刺してとめます。

2回ずつ入れる

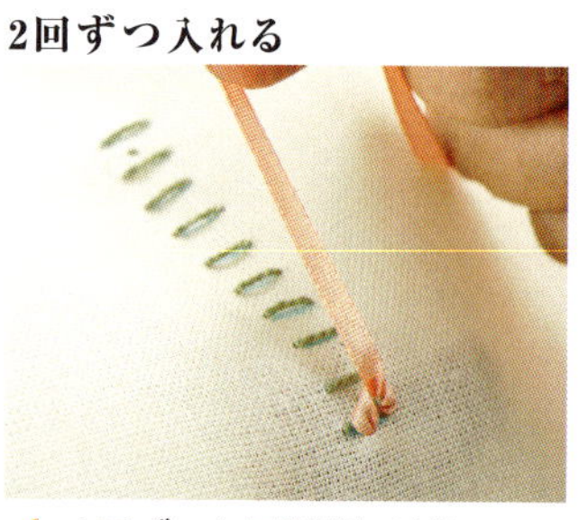

1 1回ずつと同要領で刺し、ステッチに左からリボンをかけて引きます。

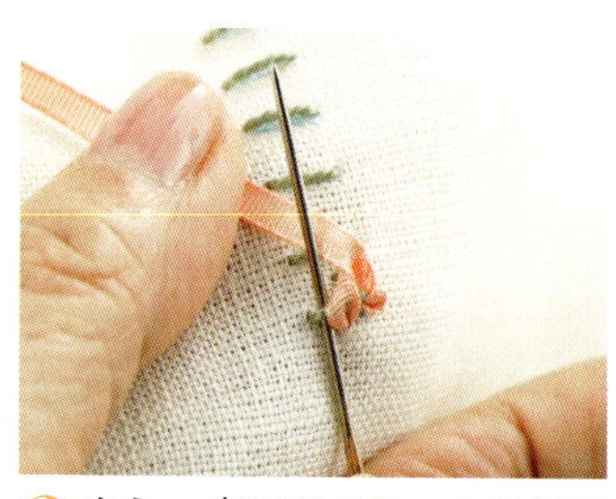

2 もう一度同じステッチに針を通し、リボンを右からかけて引きます。

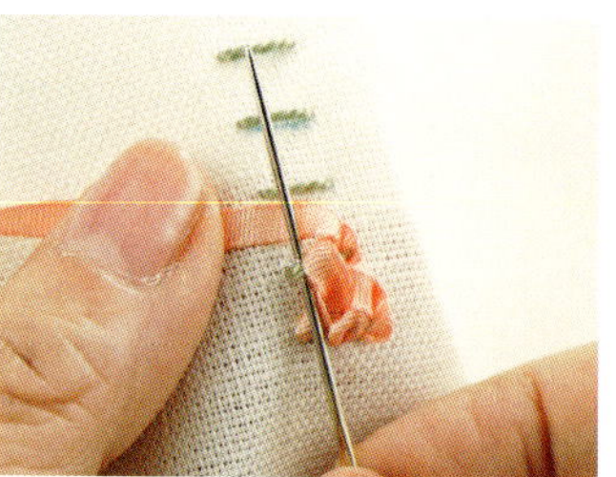

3 2本めのステッチの下に針を通し、リボンを左からかけて引き、右からかけて引きます。そのまま刺し進みます。

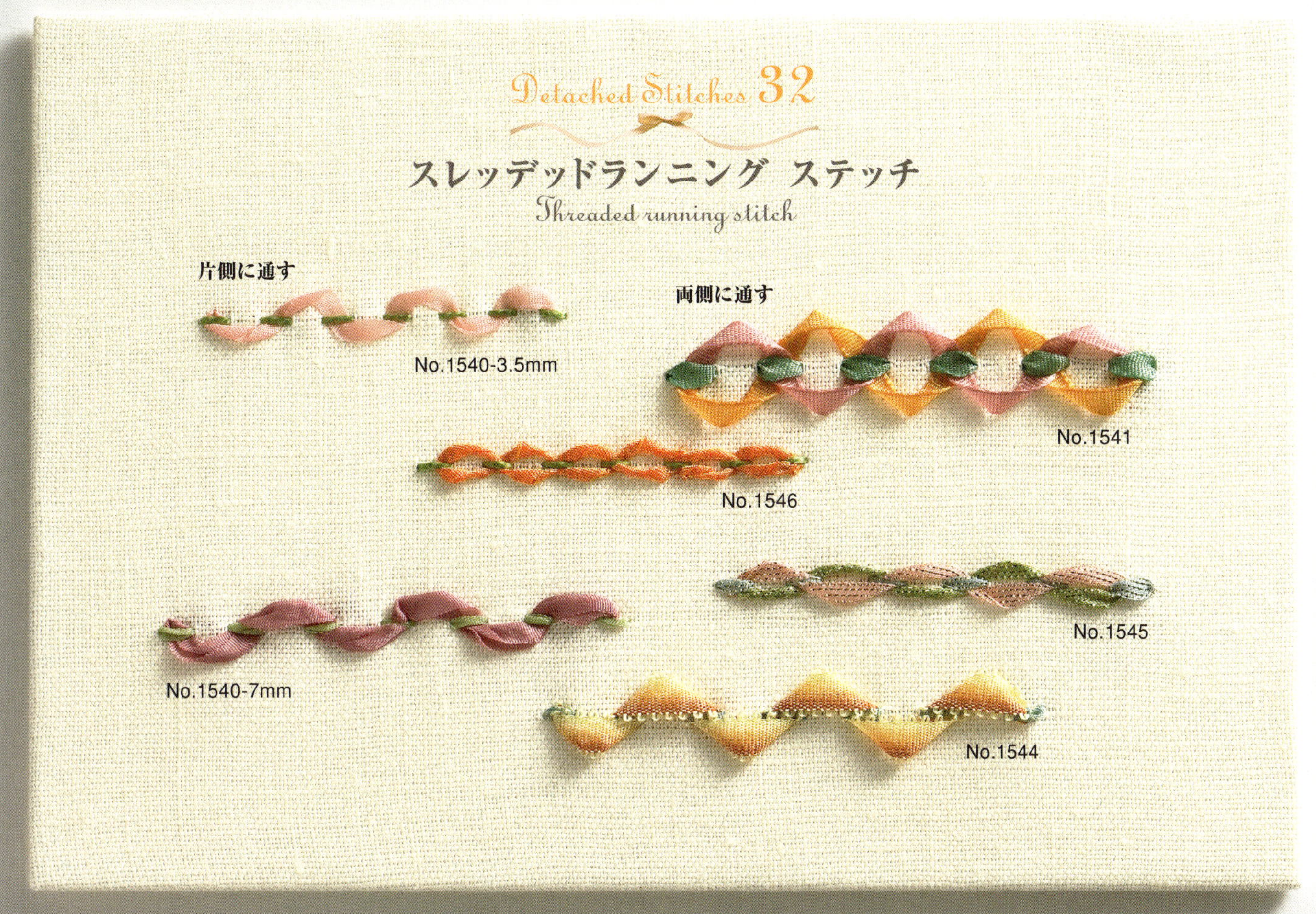

ステッチは実物大

片側に通す

1 まず、5番刺しゅう糸で土台になるステッチを刺します。ランニングステッチを刺し裏で糸始末します。先の丸い針(ニット地用)にリボンを通し、ステッチの下から出します。

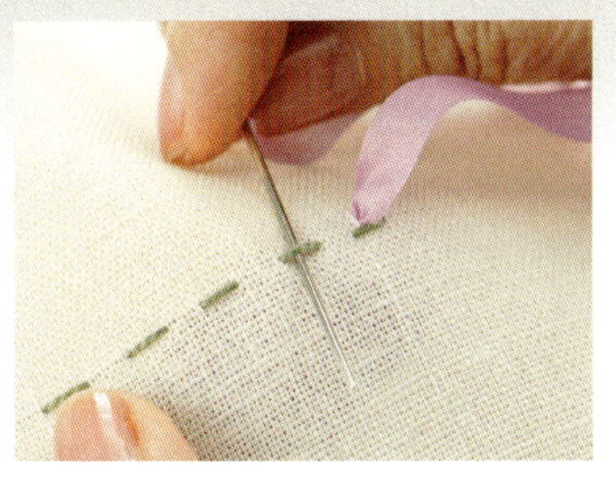

2 ステッチの上から下にリボンを通します。

3 リボンをゆっくりと引き、整えます。

4 ステッチの下から上にリボンを通します。

5 刺し終わりはリボンの上から針を刺してとめます。

両側に通す

1 片側を通した後、上から針を出します。

2 ステッチの下から上にリボンを通します。

3 ステッチの上から下にリボンを通します。刺し始めに刺した片側とバランスを合わせながら、形を整えて刺します。

ステッチは実物大

同じ方向に刺すとき

1 まず、5番刺しゅう糸で土台になるステッチを刺します。アウトラインステッチを刺し裏で糸始末します。先の丸い針(ニット地用)にリボンを通し、ステッチの横から出し、下から針を通します。

2 針にリボンをかけ、ゆっくりと引き、形を整えます。

3 続けて通していきます。

4 刺し終わりはリボンの上から針を刺してとめます。

途中で方向を変えるとき

1 まず、5番刺しゅう糸で土台になるステッチを刺します。チェーンステッチを刺し裏で糸始末します。先の丸い針(ニット地用)にリボンを通し、チェーンの真ん中から出します。

2 チェーンの1本に下から針を通してリボンをかけ、ゆっくりと引き、形を整えます。

3 方向を変えるときは反対側のチェーン1本に上から針を通して同要領で通します。

4 刺し終わりはリボンの上から針を刺してとめます。

ステッチは実物大

曲線

1 リボンでチェーンステッチ(→24ページ)を刺しておきます。先の丸い針(ニット地用)にリボンを通し、チェーンの真ん中から針を出し、チェーンの1本に上から針を通します。

2 針にリボンをかけ、ゆっくりと引き、形を整えます。

3 1列めが終わったら、チェーンの中に針を入れます。

4 2列めは、まず刺し始めのチェーンの隣のチェーンから針を出します。1列めのボタンホールステッチの渡ったループに針を通してリボンをかけ、引き抜きます。

5 同要領で刺し、2列めの終わりもチェーンの中に針を入れます。

6 5列めが終わったところです。

直線

1 先の丸い針(ニット地用)にリボンを通し、1列めのボタンホールステッチを刺します。次に刺し始めの位置の少し上に針を出し、渡ったループに針を通してボタンホールステッチをします。

2 途中で方向が変わっている場合は、1列めに合わせて針を通す方向を変えて通します。

Flower Stitches

フラワーステッチ

材料

エンブロイダリーリボン

(No.1540-3.5mm)col.356　col.364　col.374　(No.1540-7mm)col.034　col.035　col.163　col.356　col.374
(No.1541)col.465　col.102　col.063　(No.1542)col.2　col.4　(No.1543-7mm)col.7
(No.1544)col.14　col.3　col.5　(No.1545)col.4　(No.1546)col.17　(No.4563-15mm)col.16　col.17　col.18
(No.4599-7mm)col.9　(No.4681-15mm)col.33　DMC25番刺しゅう糸　col.3053

ステッチは実物大

Flower Stitches

フラワーステッチ

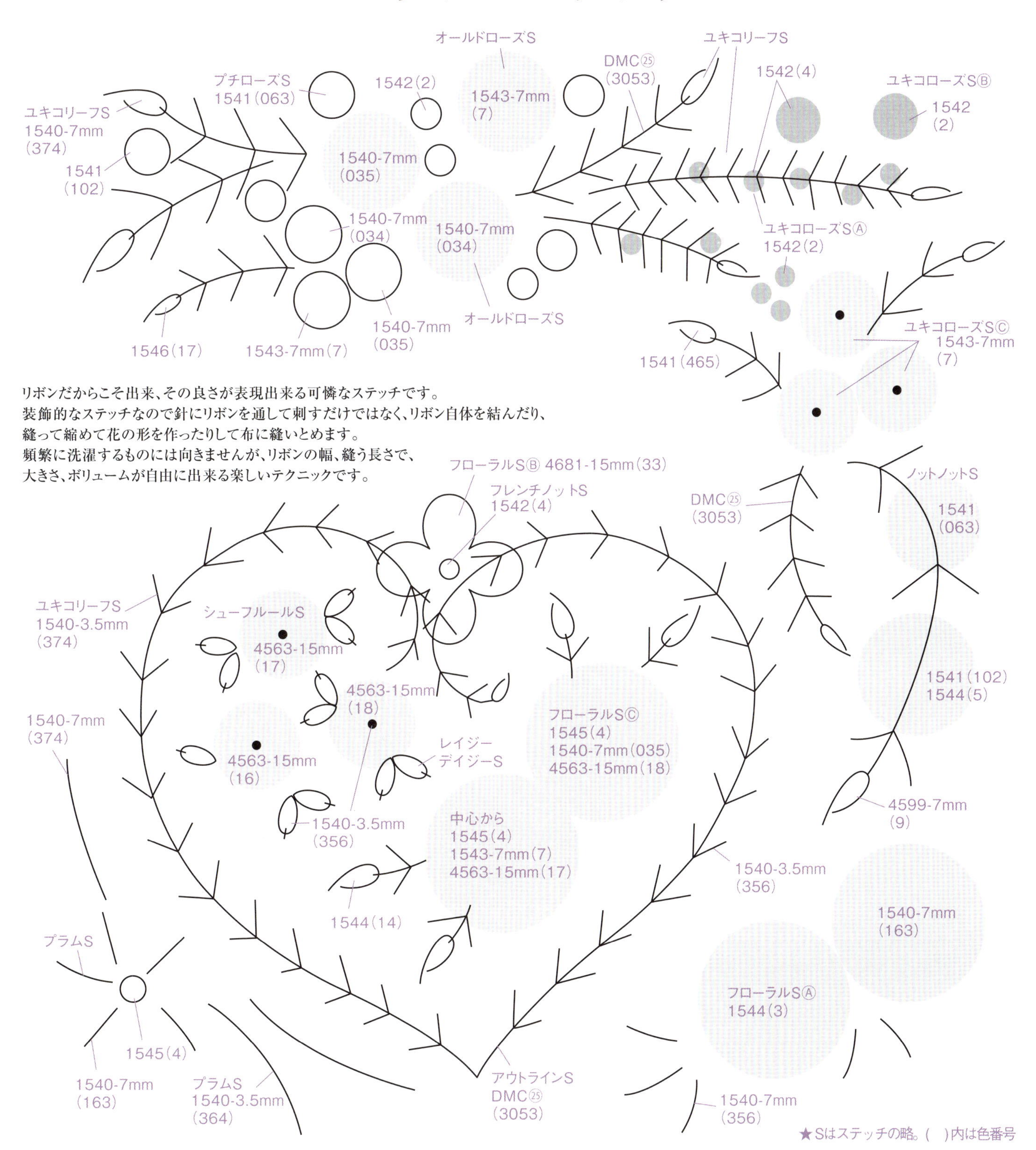

リボンだからこそ出来、その良さが表現出来る可憐なステッチです。
装飾的なステッチなので針にリボンを通して刺すだけではなく、リボン自体を結んだり、
縫って縮めて花の形を作ったりして布に縫いとめます。
頻繁に洗濯するものには向きませんが、リボンの幅、縫う長さで、
大きさ、ボリュームが自由に出来る楽しいテクニックです。

★Sはステッチの略。(　)内は色番号

オーバル型の箱

淡いミントグリーンのモアレの広幅リボンに、
フローラルステッチとユキコローズステッチが映える小箱。
本体は楕円型の空き箱を利用し、ふた部分は厚紙を芯にして仕立てます。

作り方 93ページ

19

箱のふた2種

お菓子の箱を利用して、ふたの部分にだけリボン刺しゅうを飾りました。
フローラルステッチcで中心から3種類のリボンを使っています。
外側をオーガンジーリボンにすることで、ふんわり優しい印象に。

作り方 94ページ

21
20

ステッチは実物大

Ⓐ

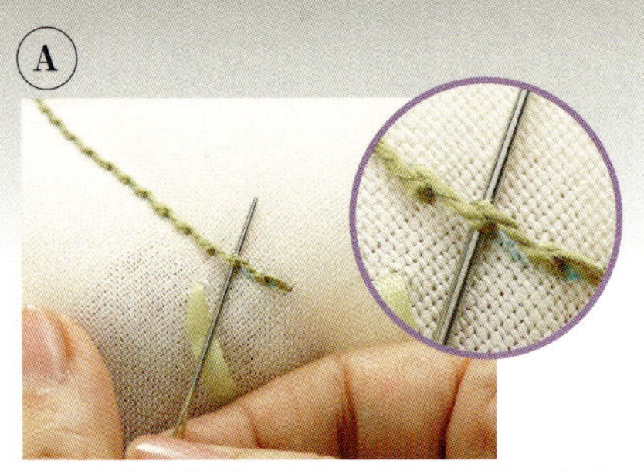

1 まず、5番刺しゅう糸で土台になるアウトラインステッチを刺しますが、ゆるまないようにしっかり刺します。先の丸い針(ニット地用)にリボンを通して布から出し、ステッチの重なっている部分に針を通します。

2 アウトラインステッチのところでリボンがしまります。うまくしめられないときは、リボンをひとひねりするとよいでしょう。

3 リボンに針を入れてとめます。葉の種類により角度をかえます。

4 次の葉は上に進みます。裏側に渡るリボンが少なくてすみます。

Ⓑ

1 Ⓐと同要領で刺しますが、幅の広いリボンで大きい葉を刺すときは、土台のアウトラインステッチは、ざっくりめに1/3くらい返して刺しておきます。

2 一番上に葉を刺すときは布からリボンを出して刺しゅう糸に通します。

3 そのまま上に返して、

4 刺し終わりはリボンの上から針を刺してとめます。

ステッチは実物大

＊ⒶⒷⒸとも、リボンを縫う長さにより大きさがかわります。

Ⓐ

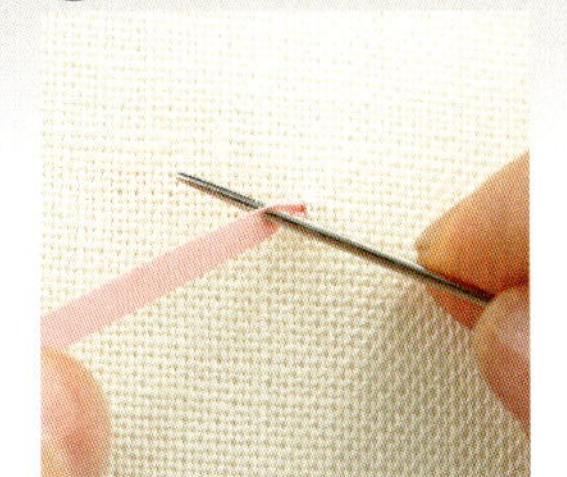

1 先の丸い針(ニット地用)にリボン(やわらかめのものがよい)を通して布から出し、リボンの真ん中に針を刺します。

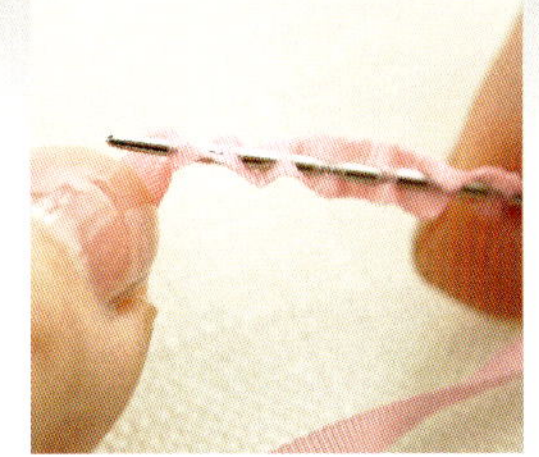

2 2mmくらいの針目で、約5cmぐし縫いします。

3 指で押さえながら、針を回してゆっくり針を抜きます。

4 ギャザーを寄せながらリボンを引きます。

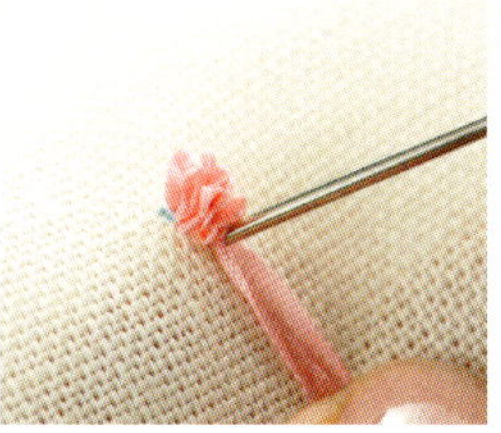

5 形を整えて、リボンの上から針を刺します。

Ⓑ

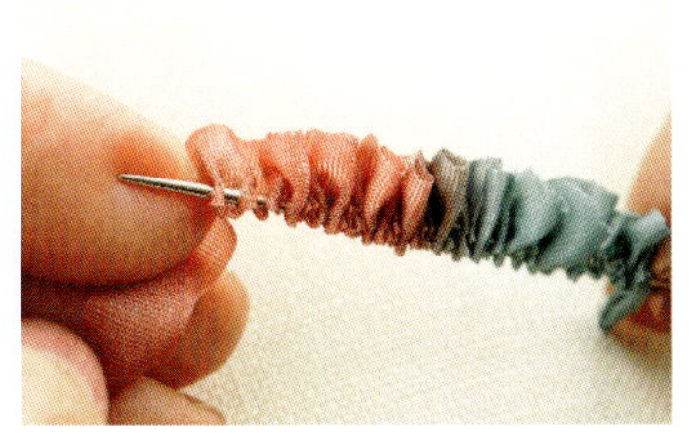

1 お花の形にするときは、先の丸い針(ニット地用)にリボン(やわらかめで幅の広めのものがよい)を通して布から出し、リボンの片端を2mmくらいの針目で、約22cmぐし縫いします。

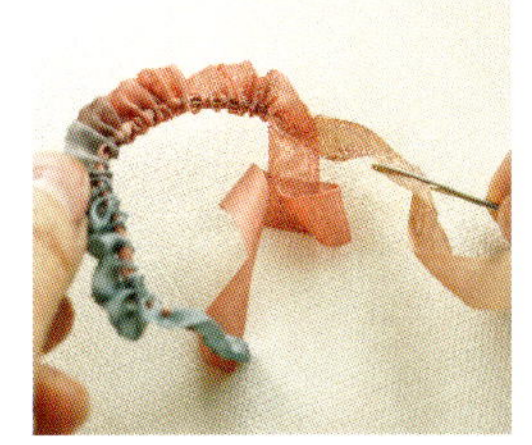

2 指で押さえながら、針を回してゆっくり針を抜き、ギャザーを寄せながらリボンを引きます。

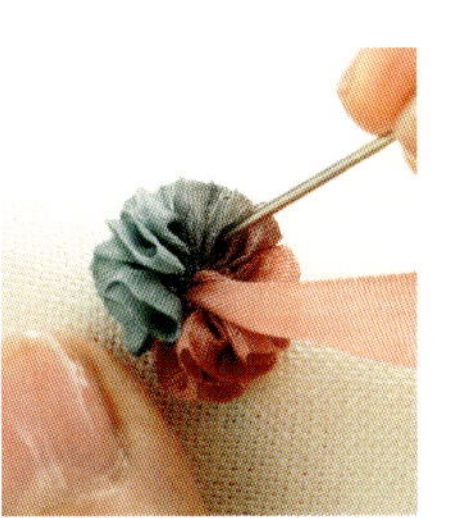

3 形を整えて布に針を刺し、中心に針を出して目立たないように所々とめます。

Ⓒ

1 花心を入れるときは、所々とめた後真ん中に針を出します。

2 フレンチノットステッチ(→38ページ)をふんわりと刺します。

ステッチは実物大

*リボンを縫うときは、同色の25番刺しゅう糸1本どりを細い縫い針に通して使います。

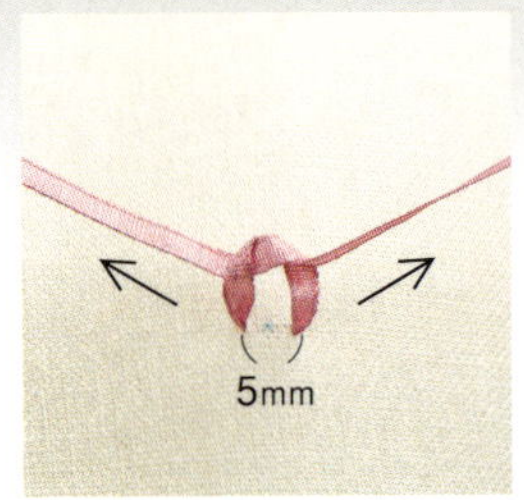

1 30cmくらいのリボンを5mm間隔で布に通し、左右同じ長さにしてゆるく結びます。

2 結ぶ方向は同じで、残り1cmくらいまで結びます。

3 糸に結び玉を作ってリボンの端同士をしっかり縫いとめます。

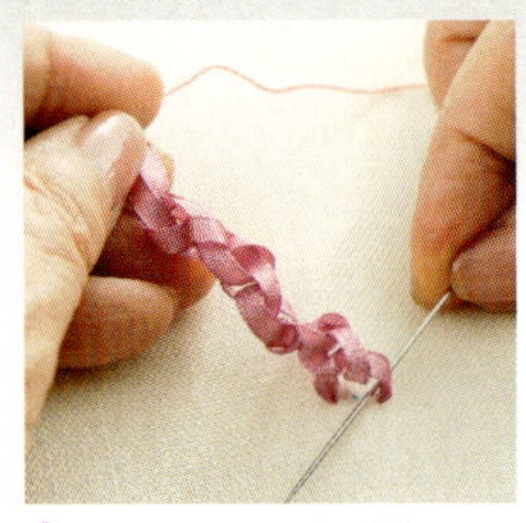

4 そのまま、結び始めのループに針を通します。

5 しっかりと布に縫いとめます。

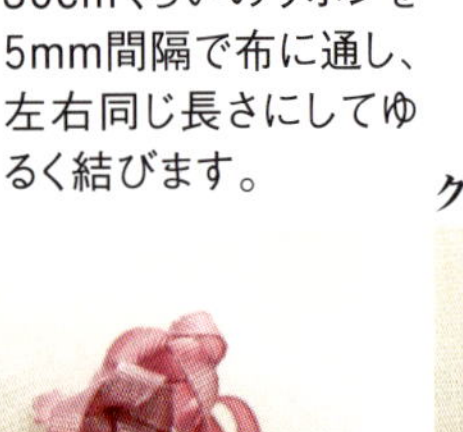

6 縫いとめた上に結んだ部分をかぶせ、形を整えながら所々とめます。

クロスノットステッチ

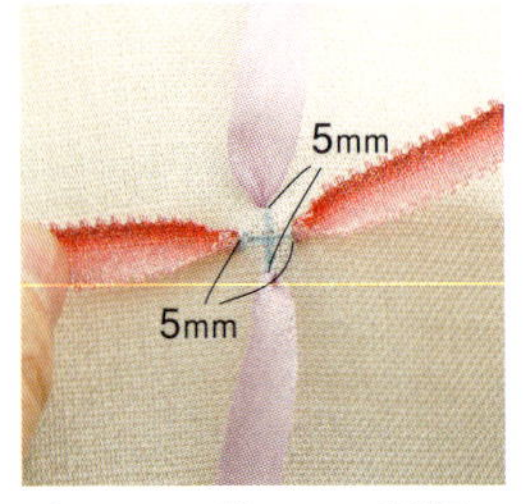

1 30cmくらいの2種類のリボンを上下左右5mm間隔で布に通します。

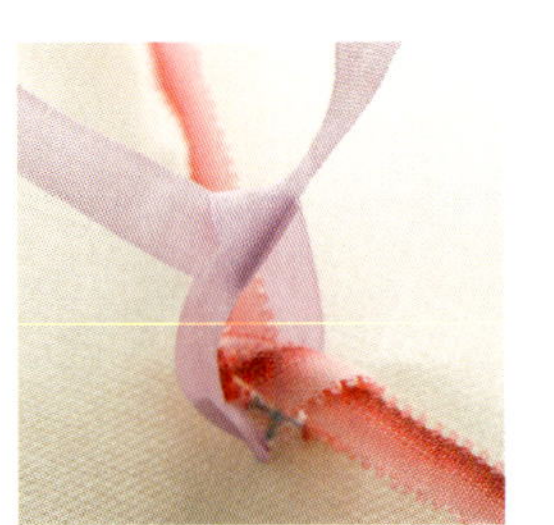

2 交互に結びます。後の要領は同じです。

ギャザーノットステッチ

1 55cmくらいのリボンを5mm間隔で布に通し、結び玉を作った糸でリボンの端1cmのところから2mmの針目で真ん中をぐし縫いします。中心までできたら左右5mmくらいずつとばして続けてぐし縫いします。

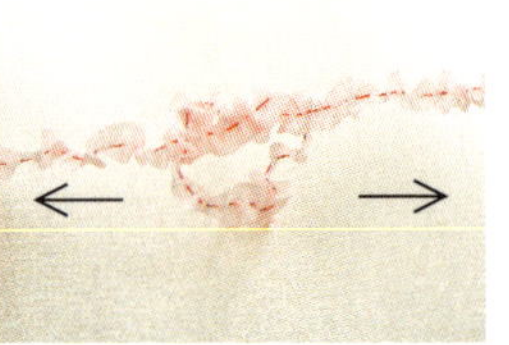

2 端でしっかり結び玉を作り、ギャザーが均等になるように気をつけながら30cmまで縮めます。後の要領は同じです。

ステッチは実物大

ひとつずつ刺すとき

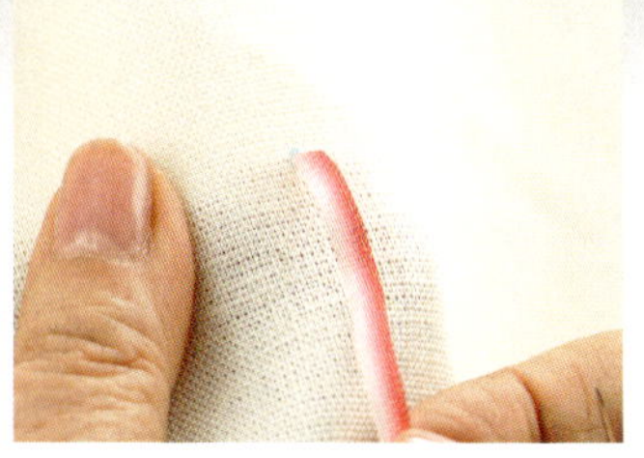

1 図案線上にリボンを出します。

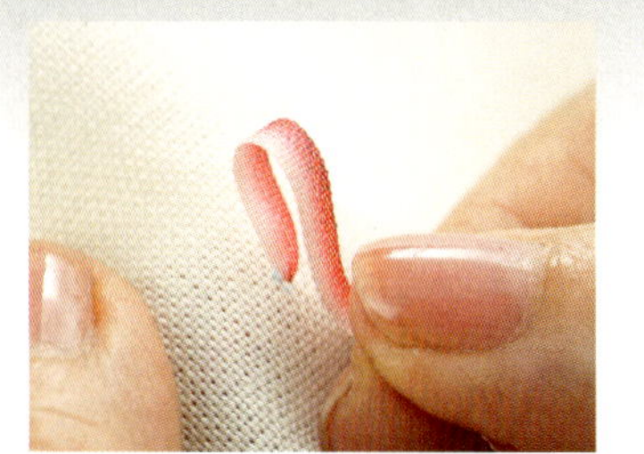

2 リボンを折りますが、輪のところに指やペンなどを通してすると、均等に出来ます。

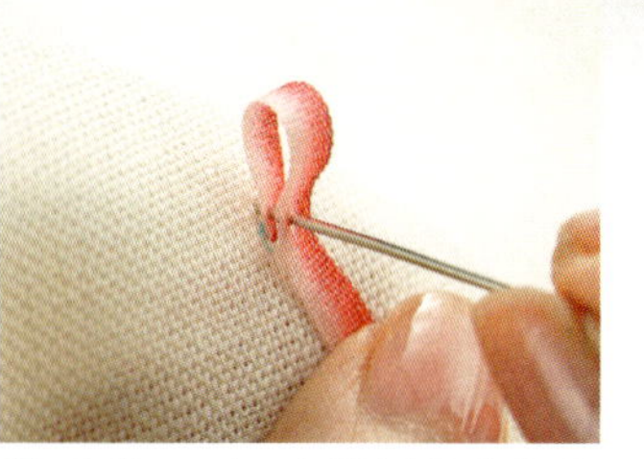

3 リボンの上から針を刺しますが、刺し始めのリボンも一緒に刺します。

4 花の形に3つ刺し、色をかえて茎も刺します。

連続で刺すとき

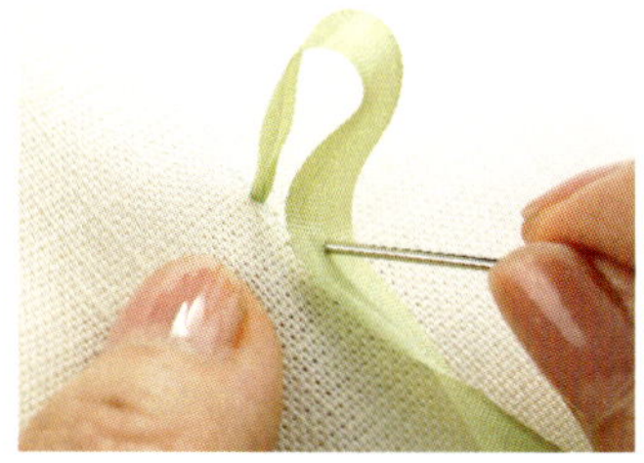

1 図案線上にリボンを出し、折って針を入れます。

2 そのまま刺し始めのほうのリボンにも刺しながら針を出します。

3 リボンを折って一針刺すをくり返します。

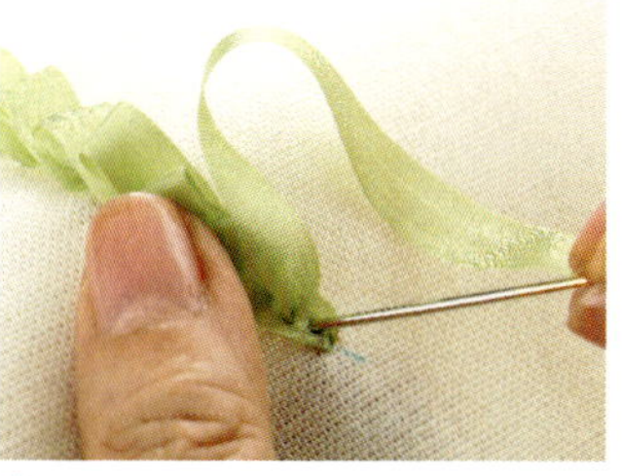

4 刺し終わりはリボンの上から針を刺してとめます。

ステッチは実物大

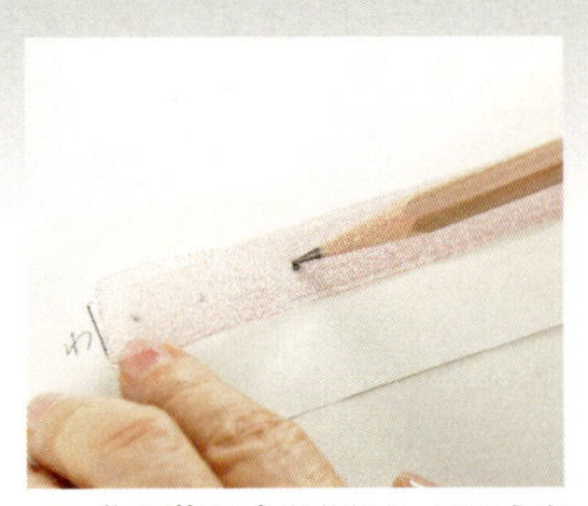

1 作る花の大きさによってかえます。この場合は25cmのリボンを二つ折りして端同士をまち針でとめ、型紙にあてて鉛筆で針を通す位置に印をつけます。

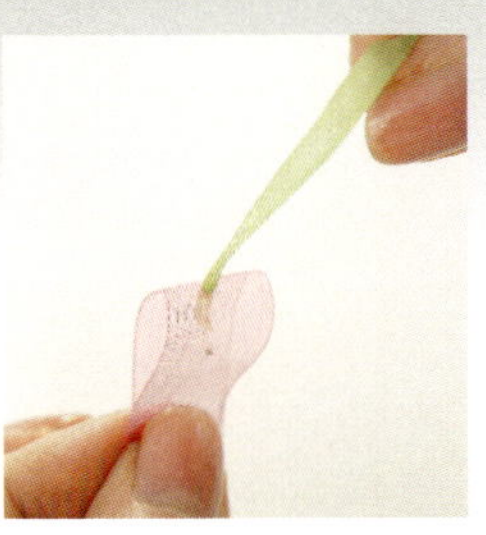

2 別のリボンを針に通して結び玉を作らないで、リボンの真ん中の位置に通します。

3 すぐ隣から針を入れ、刺し始めのリボンに通して引き、リボンをとめます。

4 印のところに内側から針を出し、少しすくって、反対側のリボンに入れます。

5 印部分を左右交互に針を通していきますが、外側に一針出て内側にはリボンが渡るようにします。

6 折り返し部分は、まず内側に折って、内側から外側に針を出します。

7 反対側の折り返し部分も折り、反対側に出します。

8 刺し終わりはリボンの真ん中に出しておきます。

9 根元をおさえてリボンを引きます。

10 しっかり引いたら裏で結び玉をして布に縫いつけます。

Flower Stitches 40

プチローズ ステッチ
Petit rose stitch

ステッチは実物大

*リボンを縫うときは、同色の25番刺しゅう糸1本どりを細い縫い針に通して使います。

1 25cmのリボンを針に通して布から出し、撚りをかけます。

2 10cmくらいを二つ折りにして、左指を離すと2本で撚れます。

3 根元を決めて押さえ、残っているリボンの撚りを戻します。

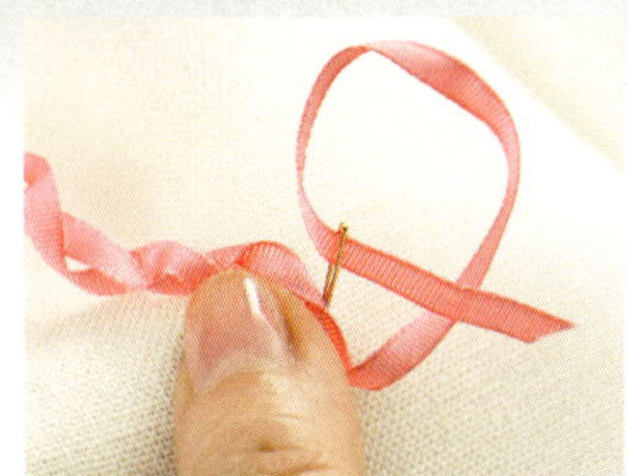

4 刺し始めの位置に針を入れます。

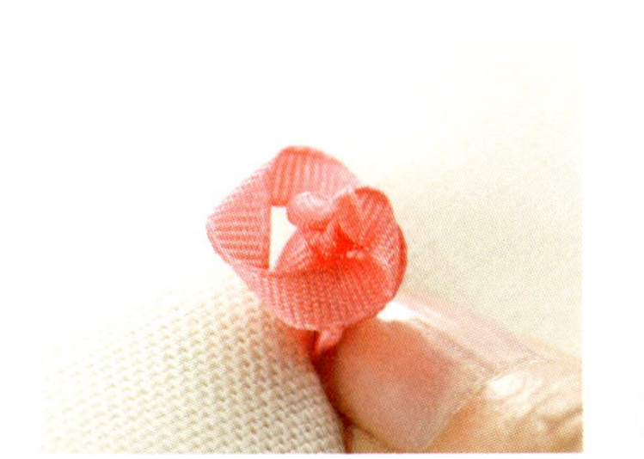

5 撚った根元を押さえながら、リボンを裏に引っぱっていきます。

糸でとめるとき

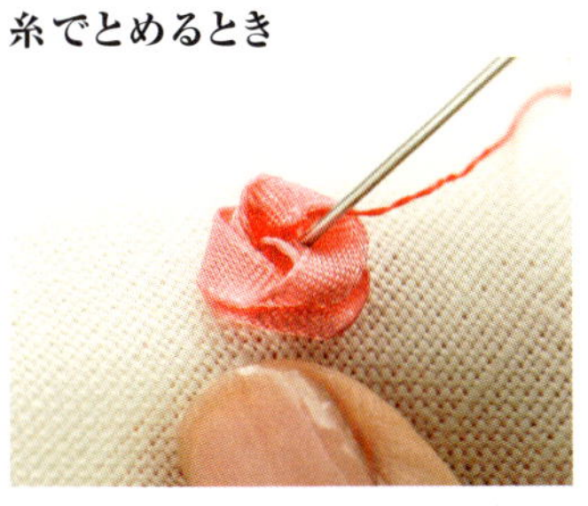

糸で形を整えながら、2、3ヶ所とめます。

フレンチノットステッチでとめるとき(やわらかいリボン)

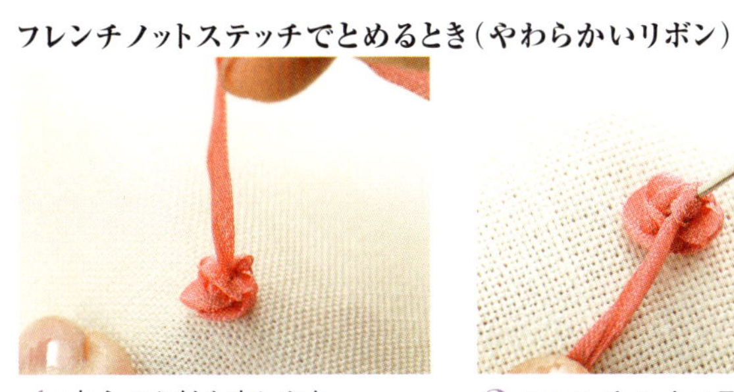

1 中心から針を出します。

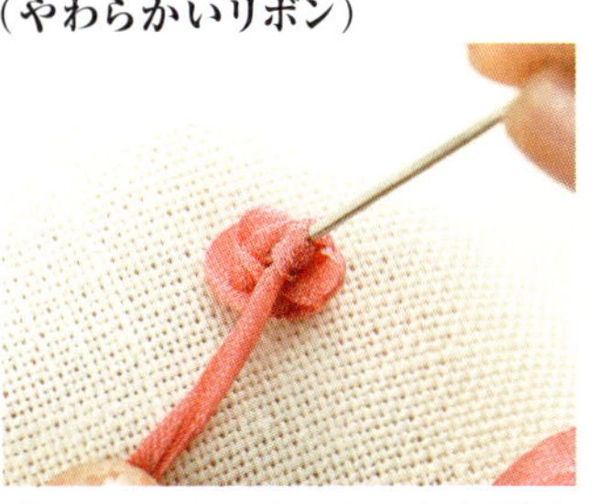

2 フレンチノットステッチ1回巻き(→38ページ)でとめます。

ステッチは実物大

*リボンを縫うときは、同色の25番刺しゅう糸1本どりを細い縫い針に通して使います。

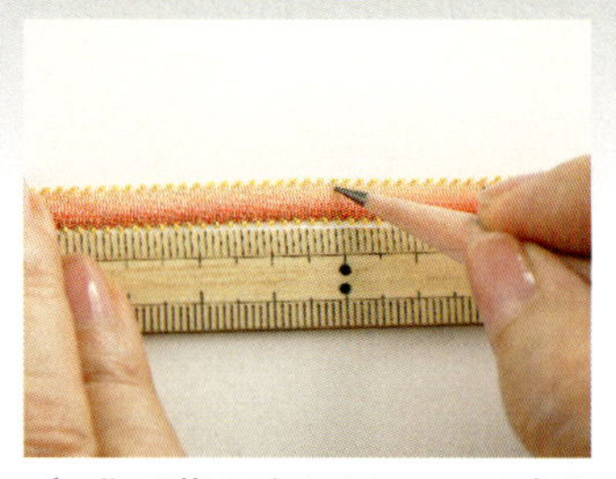

1 作る花の大きさによって変えます。この場合は26cmのリボンに、印つけ位置を見ながら鉛筆で印をつけます。

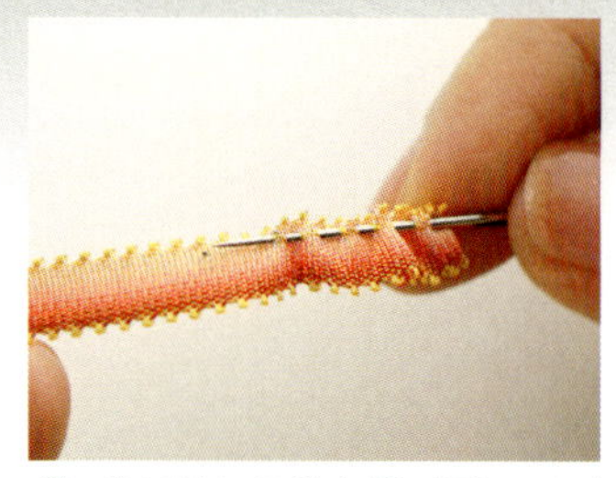

2 折り返し部分を折り返し、リボンの端から2mmくらいの針目で2cmぐし縫いします。

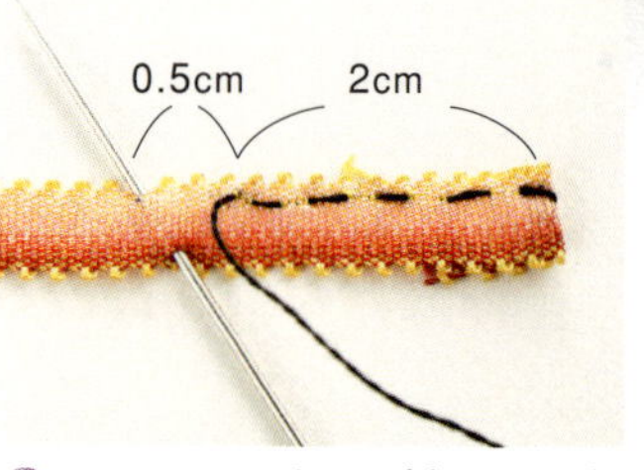

3 0.5cmの所では斜めに一針針を入れ、続けてぐし縫いし、くり返します。

4 端までぐし縫いします。

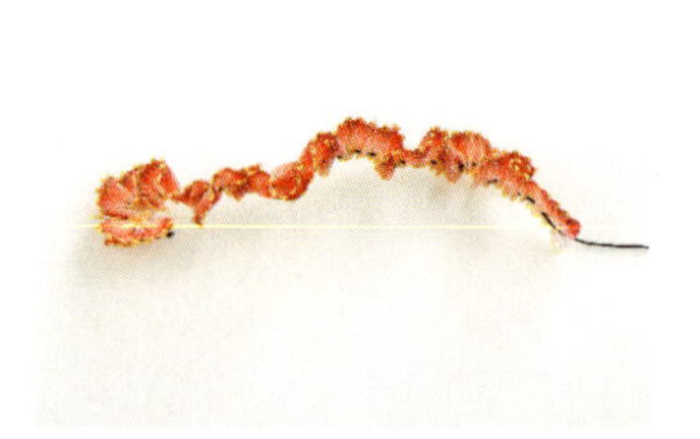

5 糸を引き、いったん8cmくらいまで縮めます。

6 縫い始めの方から丸く形を作り、ギャザーを少しのばしながら中心にそわせていきます。

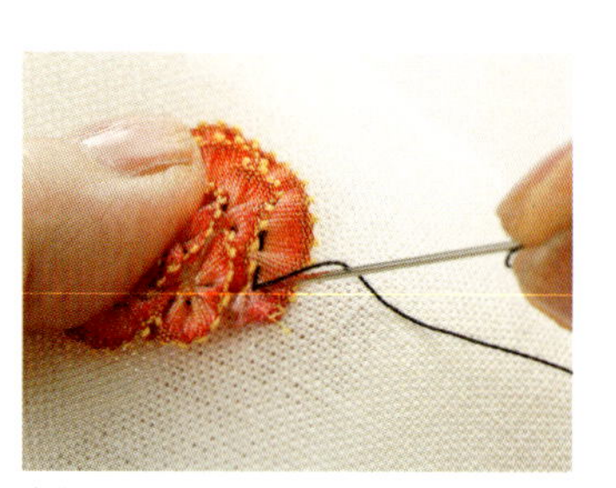

7 きれいに形が出来たら、縫い終わりに結び玉を作り、布にまつりつけます。

(裏)

8 出来上がりです。裏はこんなふうに糸が渡ります。

ステッチは実物大

＊リボンを縫うときは、同色の25番刺しゅう糸1本どりを細い縫い針に通して使います。

B

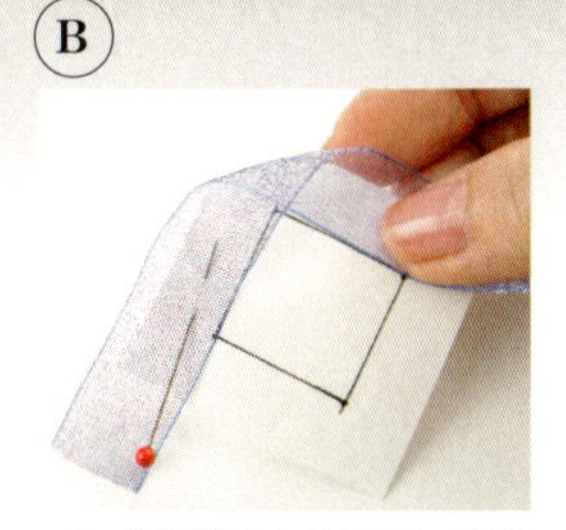

1 作る花の大きさによって変えます。この場合は2cm角の型紙を作り、最初はリボンの幅より長いくらい残してまち針でとめます。型紙にそって角を矢印の方向に折ります。

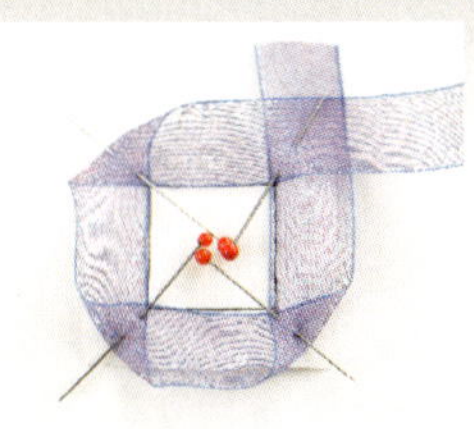

2 角は同じ方向に折り、型紙にまち針でとめながら一周し、追いかけになるようにします。

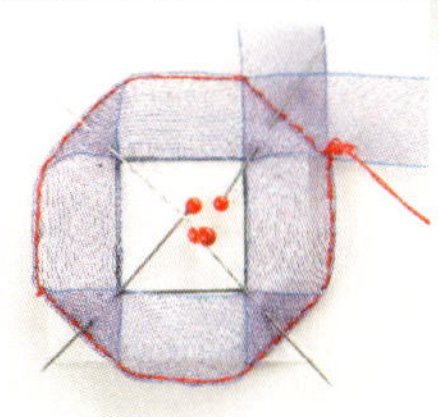

3 形をくずさないようにリボンだけ縫います。リボンの重なっているところから2mmの針目でぐし縫いし、ぐるりと一周します。

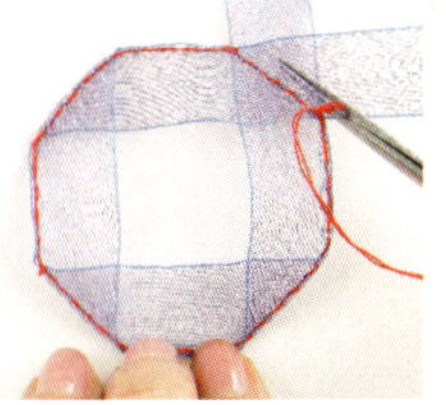

4 型紙をはずして、2、3mm残して余分なリボンを切ります。

5 まず縫い始めから半分くらい縮め、縫い終わりから残りを縮めて、2本を後ろで結び布に縫いつけます。

C

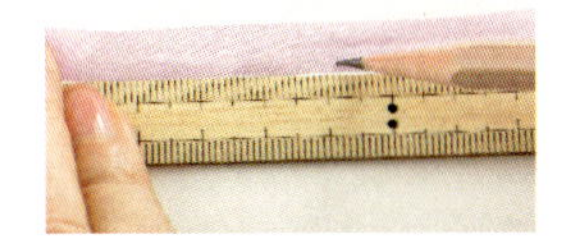

1 幅の異なる30cmのリボンを2本用意し、幅の狭いほうのリボンに、印つけ位置を見ながら鉛筆で印をつけます。

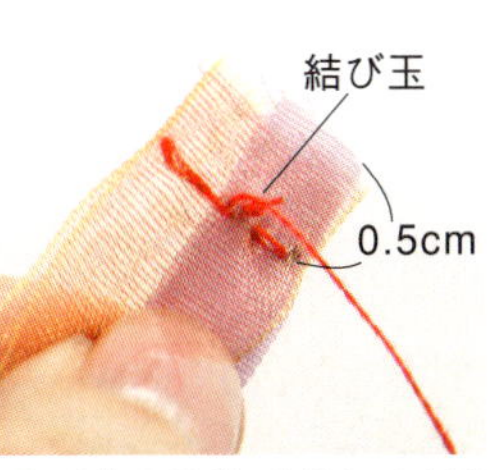

2 2枚のリボンを重ねて中表にして0.5cmのところを縫いますが、真ん中から縫い始め、戻って真ん中で結び玉を作って終わります。

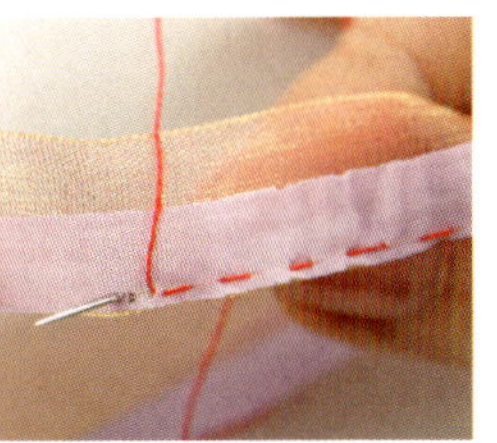

3 2から左に1cmのところから縫い始めます。2mmの針目でぐし縫いし印のところまで来たら、続きを縫わず、後ろから針を入れてから続きのぐし縫いをします。

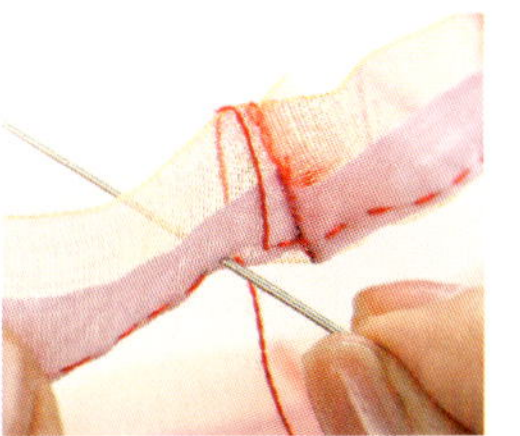

4 印の位置で縫い糸がリボンをくるむように渡ることになります。縫い始めの位置まで縫います。

5 まず縫い始めから半分くらい縮め、縫い終わりから残りを縮めて、2本を後ろで結び布に縫いつけます。

ステッチは実物大

*リボンを縫うときは、同色の25番刺しゅう糸1本どりを細い縫い針に通して使います。

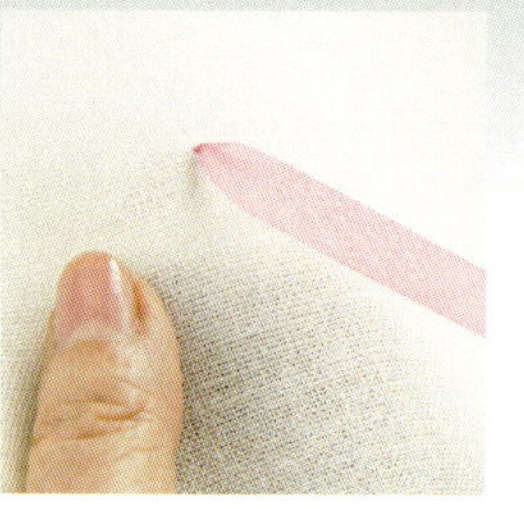

1 中心からリボンを出します。

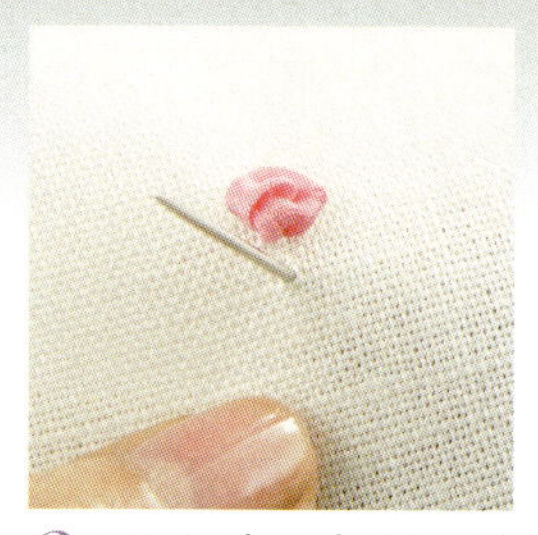

2 フレンチノットステッチ1回巻き(→38ページ)を刺し、真下に針を出します。

3 2で出したリボンを少しつまんだ感じに斜めに折ります。

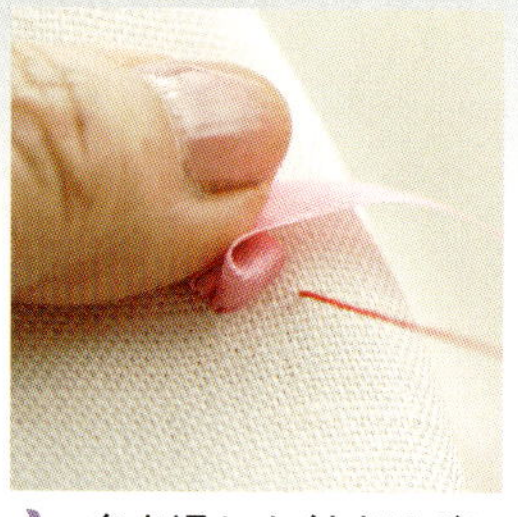

4 糸を通した針をリボンの横に出します。

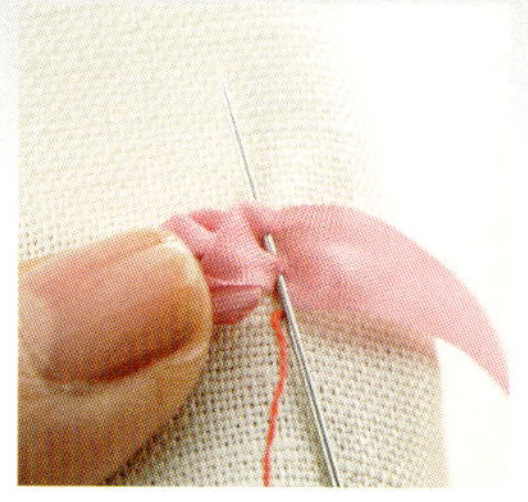

5 その針で折ったリボンの端を布地ごとちくちく縫います。

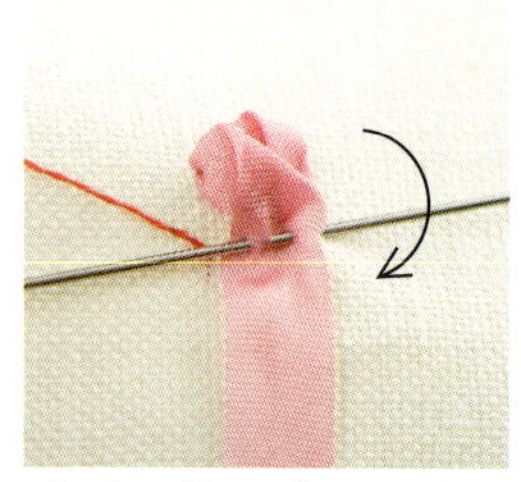

6 針は抜かずに5を右回りに90度回します。

7 そのままリボンを上に持ち上げて斜めに折ります。

8 6の針を引き抜いてリボンの端を布地ごと縫います。

9 少しずつずらしながら、縫って折るをくり返します。

10 刺し終わりは、リボンはリボンの上を刺して裏で始末し、糸も裏で結び玉にします。

ステッチは実物大

ストレートステッチに

1 ストレートステッチ(→12ページ)を刺した後、オーガンジーリボンを針に通して刺し始め位置に針を出します。

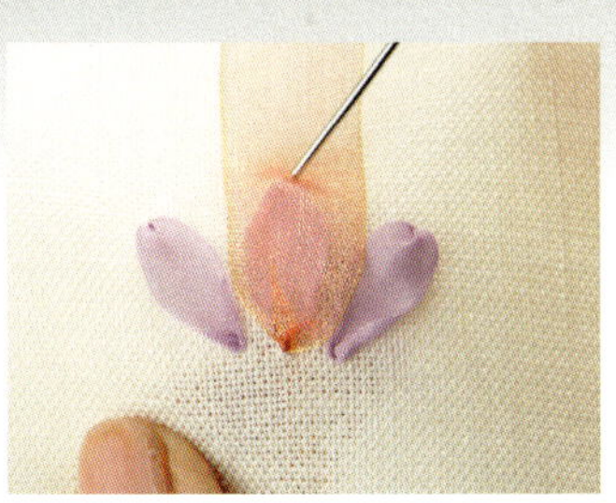
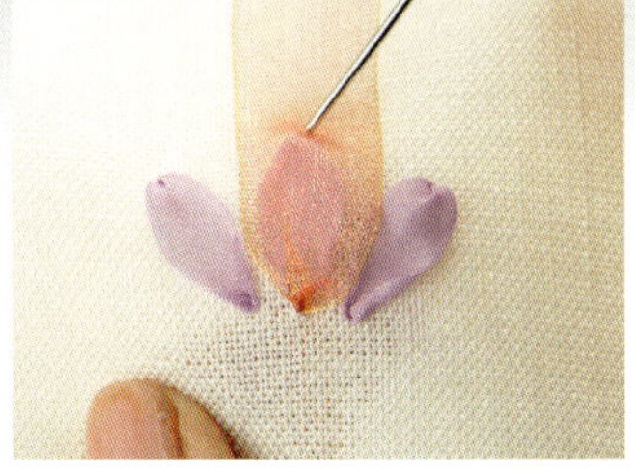

2 リボンの上から針を入れます。

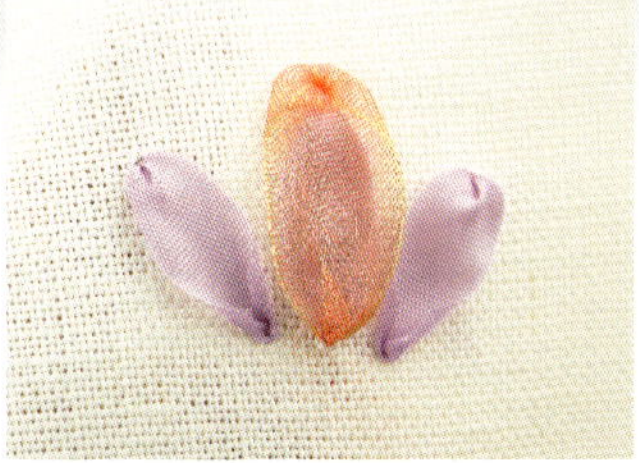

3 透け感が綺麗なステッチです。

レイジーデイジーステッチに

1 レイジーデイジーステッチ(→28ページ) を刺した後、オーガンジーリボンを針に通して刺し始め位置からリボンを出します。

2 リボンの上から針を入れます。

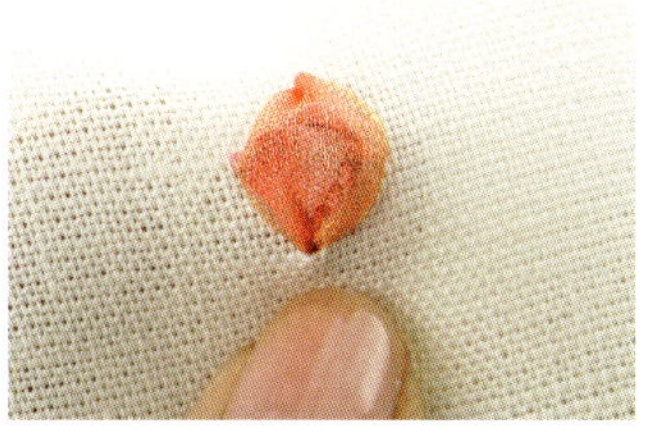

3 リボンの上から針を入れます。

フレンチノットステッチに

1 フレンチノットステッチ1回巻き(→38ページ)を刺します。

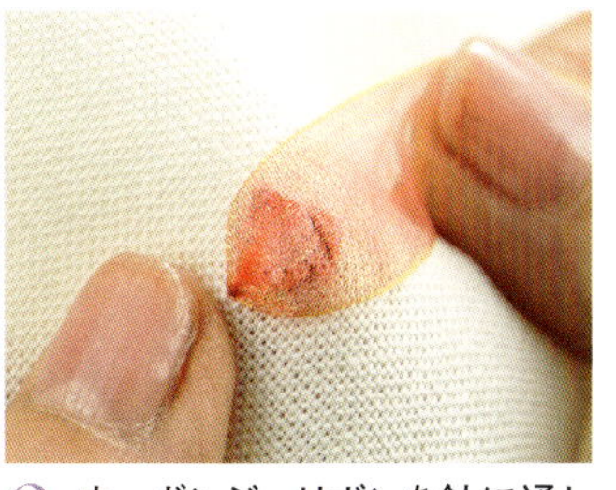

2 オーガンジーリボンを針に通して刺し始め位置からリボンを出し、くるみます。

プラスα

リボン刺しゅうの効果を上げるための糸の刺しゅう

(5番や25番の刺しゅう糸でそれぞれの太さで刺します)

アウトラインステッチ(→16ページ)…小花の茎や枝を刺すのに使います。

1 5番刺しゅう糸で刺します。まず、**1**から針を出して**2**から入れ、1/3くらいもどったところに出します。

2 糸をしっかり引きます。

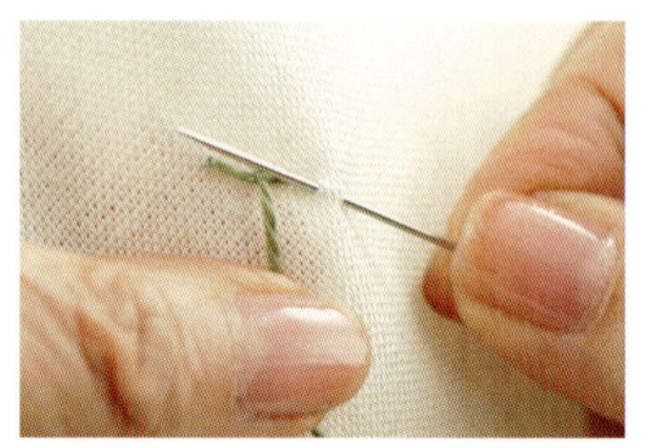

3 同じ針運びで進みます。

4 アウトラインステッチが出来ました。

枝状に刺す・・・>

1 糸の中から針を出します。

2 布に針を入れて1/3くらいもどったところに針を出します。

3 同じ針運びで進みます。

フェザーステッチ(→30ページ)…ボリュームのあるリボン刺しゅうの間に刺すと効果的です。

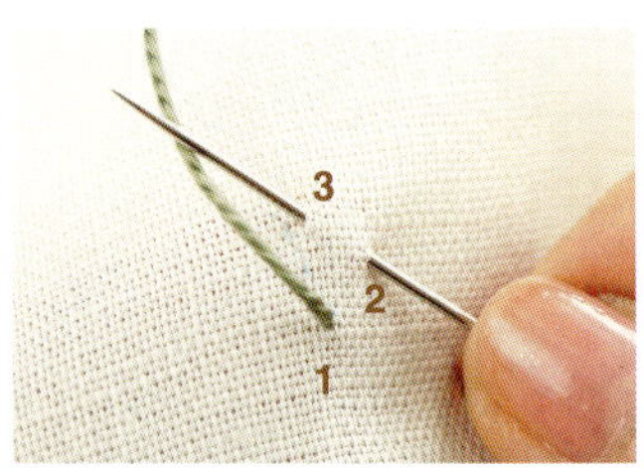

1 布を上下逆にして始めます。**1**から針を出して、右側に刺します。

2 次に左側に刺します。(右側、左側のどちらから始めてもかまいません)

3 右左を交互に刺して進みます。

4 根元に進むほど大きく刺します。5番刺しゅう糸や25番刺しゅう糸の1本どりなど、リボン刺しゅうに合わせて選びましょう。

ストレートステッチ+フレンチノットステッチ(→38ページ)…花心を刺したり、花の間に刺すと効果的です。

1 ストレートステッチをまず刺します。

2 フレンチノットステッチの2回巻きを刺します。

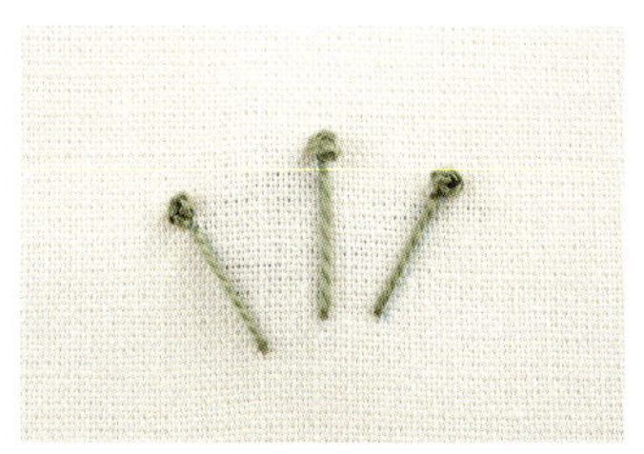

3 5番刺しゅう糸で刺したもの。花心にも使えます。

4 25番刺しゅう糸(1本どり)で花の背景にニュアンスをつけたものです。

ステッチは実物大

オープンボタンホール・フローラルステッチ

ストレートステッチを刺したそのリボンに、ボタンホールステッチのようにリボンをくぐらせます。ストレートステッチの数はそれぞれ何本でも、それにより花の大きさや形などが変わります。中心には花の大きさにより、フレンチノットステッチなどを刺します。ストレートローズステッチBの応用です。

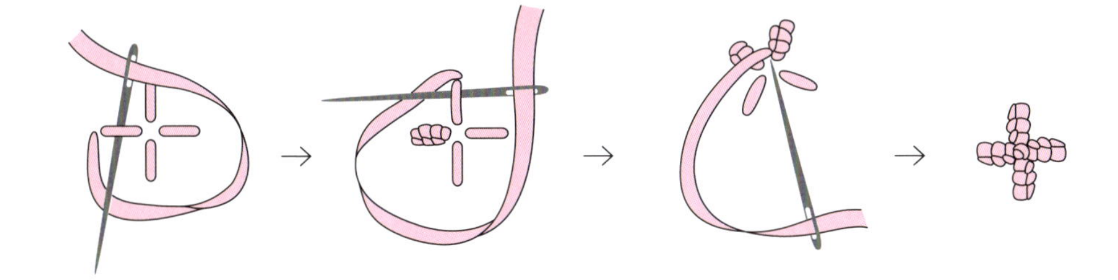

ユキコローズステッチD

ユキコローズステッチBとフローラルステッチCを合わせたステッチです。リボンの幅にもよりますが、1.5〜2.5cmくらいをぐし縫いし（→63ページ）、後ろから針を入れてリボンをわたしてから続きのぐし縫いをします（→69ページ）。花びらの数は3・4・5…、花びらの数分を縫ってからリボンを引きしめます。縫った花びらの数やリボンの幅により、花の大きさは変わります。中心にはフレンチノットステッチなどを刺します。

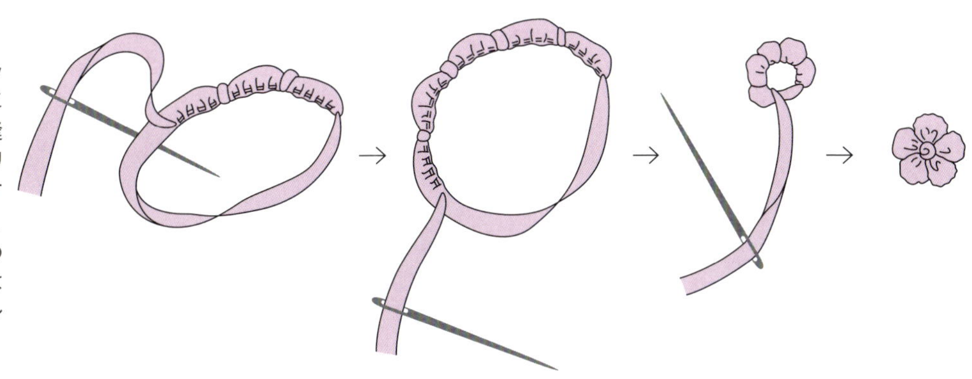

Flower Stitches 46

プラスアルファのステッチ

フローラルステッチD

No.4681 + No.1540

No.1549-11mm
+ No.1540

No.1549-11mm
+ No.1540

フローラルステッチE

外No.4653-15mm
中央No.1544
中心No.1541

外No.1549-11mm
中央No.1542
中心No.1546

外No.1549-15mm
中央No.1548
中心No.1541

ステッチは実物大

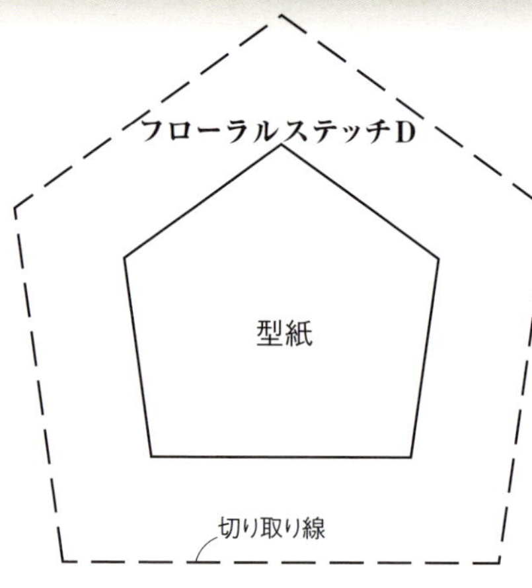

フローラルステッチD

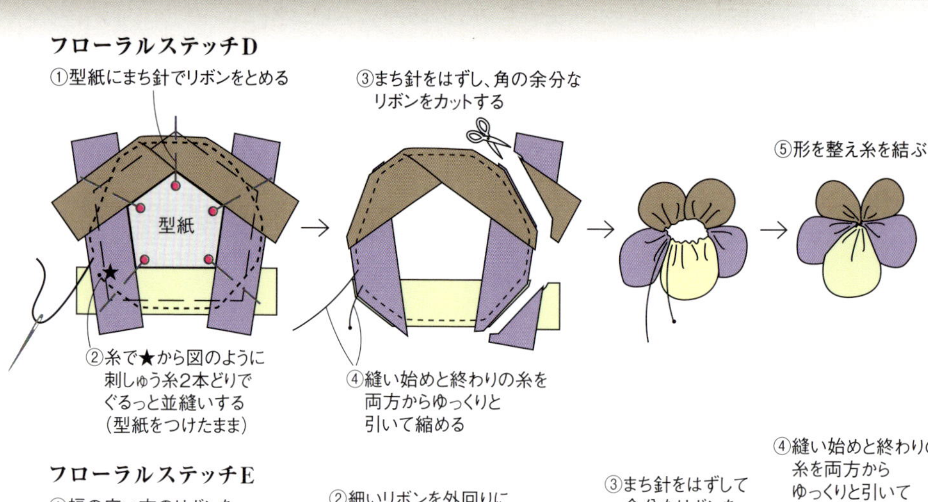

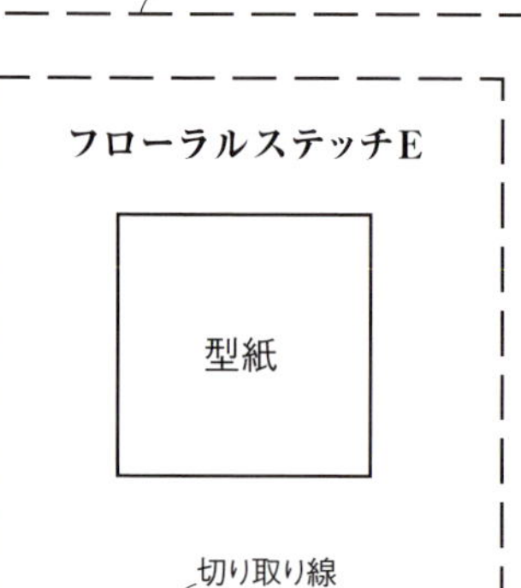

フローラルステッチE

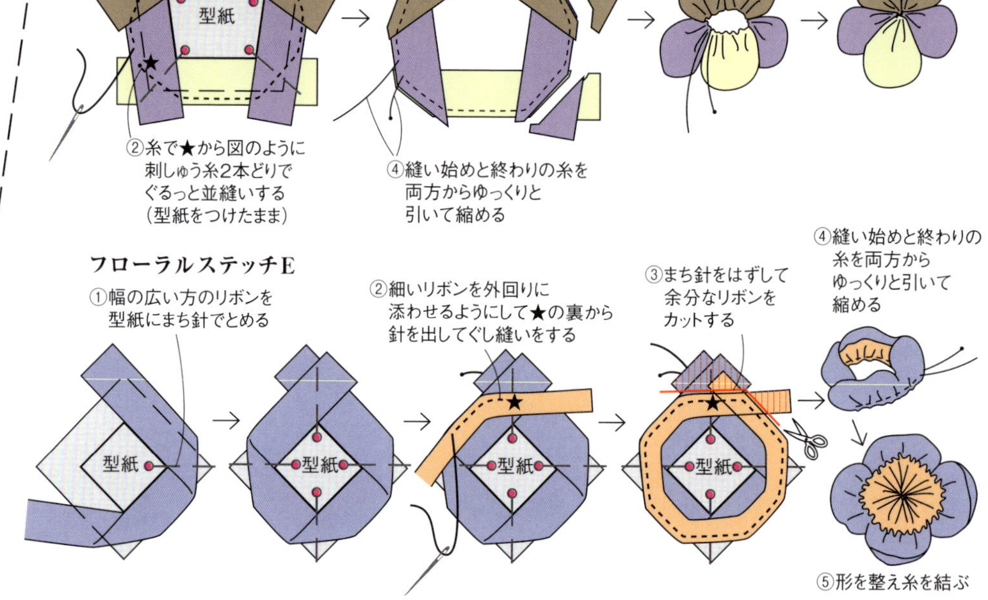

花かごのミニ額

リボンで作る小さな花々。
リボン刺しゅうの花かごとそれぞれ組み合わせ、額におさめました。
いくつか作って、花のミニギャラリーにしても素敵です。

作り方 102ページ

23

22

24

すぐ使える図案

図案は98ページ

図案は99ページ

図案は100ページ

図案は101ページ

花のサンプラー

小さな花のリボン刺しゅうを集めたサンプラー。
ステッチの種類も、リボンの色合いも、さまざま盛り込みました。
お好きな花をお好みのところに、ワンポイント刺しゅうしても。

作り方 104ページ

巾着とポーチ

「花のサンプラー」の額から取り出した図案を
ポーチや巾着に刺しゅうしました。
スペースに合わせて、花の組み合わせも
楽しんでみてください。

作り方 104、105ページ

ハート型BOX

野ばら、すみれ、忘れな草の
リボン刺しゅうが愛らしいハート型BOX。
チョコレートの空き箱を利用し、ふたの部分に飾りました。

作り方 103ページ

28

29

30

31

まち針ホルダー

リボン刺しゅうした表布と裏布を、
それぞれ厚紙にくるみ、2枚合わせて作ります。
大小お好みのサイズでどうぞ。

作り方 102ページ

ニードルケース

モアレのリボンを利用したロール式のニードルケース。
針山と糸巻きホルダーつきで、
内側のウール部分に針を刺し、
くるくる巻いて収納します。

作り方 106ページ

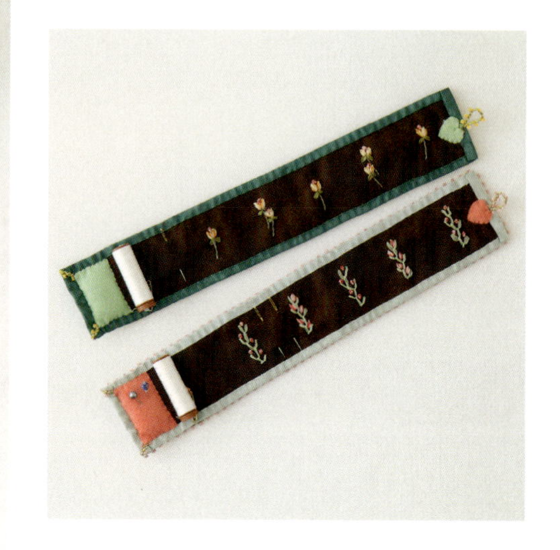

ミニ巾着

こちらもモアレのリボンの幅を活かしたミニ巾着。
大切なものを入れましょう。

作り方 108、109ページ

ソーイングケース&ピンクッション

左ページの作品と同様、
モアレの太幅リボンを土台にしたソーイングケース。
内側の針刺しやピンクッション、はさみ入れなどは、
裁ち切りで使えて針の錆にも安心の
フェルトで仕立てました。
ピンクッションもおそろいのリボンで。

作り方 110ページ

36
37

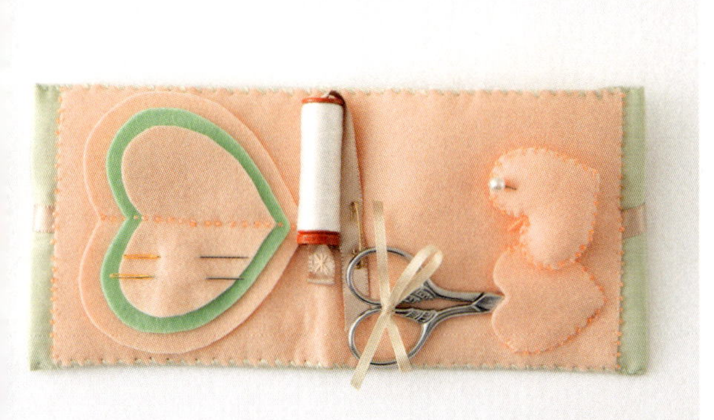

ブローチ5種

花をモチーフにしたブローチは、洋服やコートの胸元に飾ったり、
スカーフをとめたり、バッグやポシェットのポイントにしたりと、
シーンに合わせてつけ替えも楽しんでみてください。

作り方 85ページ

38~42 ブローチ （84ページ）

実物大型紙・図案... 作品38:85ページ　作品39〜42:86ページ

材料<作品38>... 表布（7.5cm幅ベルベットリボン•ピンク）:9cm　フェルト黒:10×6cm　キルト綿:22×6cm
ブローチピン:1コ　厚紙:7.5×9cm　手芸用ボンド　刺しゅう用リボンと刺しゅう糸:図案参照

材料<作品42>... 表布（別珍・赤）:12×10cm　フェルト黒:10×7cm　キルト綿:22×6cm　他は作品38参照

材料<作品39・40>... 表布:作品40はベルベットリボン（茶）・作品39はベルベットリボン（黒）　フェルト黒:7×7cm
キルト綿:12×12cm　他は作品38参照

材料<作品41>... 表布（7.5cm幅ベルベットリボン•紫）:10cm　ビーズストレッチリボン:22cm　フェルト黒:10×6cm
キルト綿:15×12cm　他は作品38参照

〈作品38の作り方〉

1.型紙で材料を裁つ

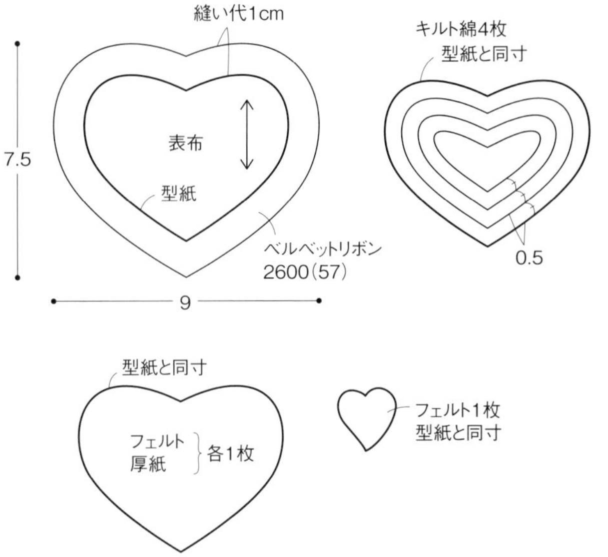

2.表布に刺しゅうをし、周囲をぐし縫いする

3.厚紙にキルト綿を重ね、表布でくるむ

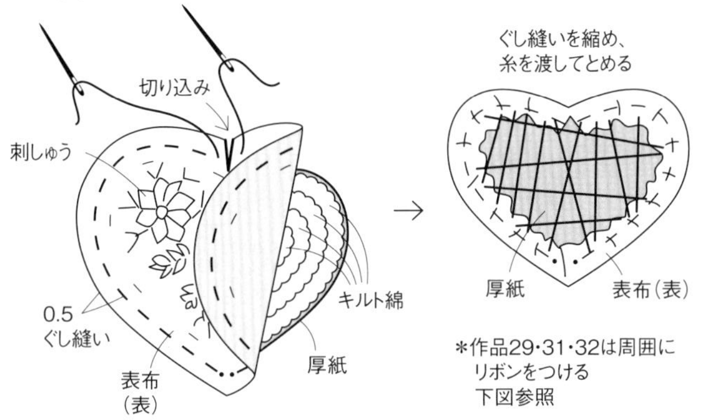

*作品29・31・32は周囲に
リボンをつける
下図参照

4.フェルトとブローチピンを
ボンドで貼る

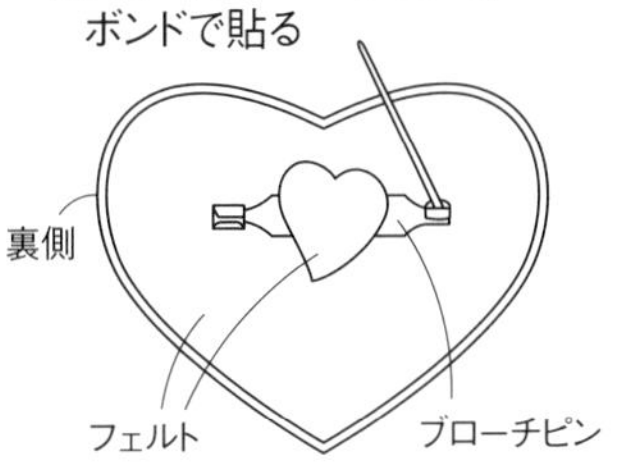

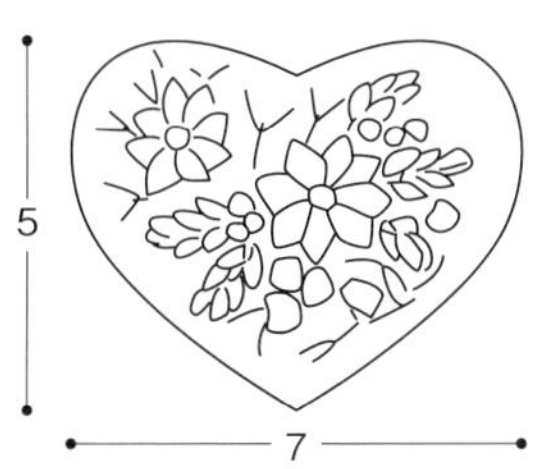

作品38　実物大型紙・図案

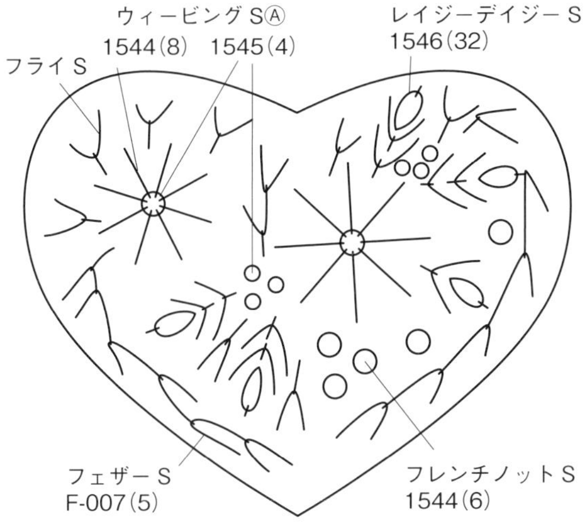

作品38〜42共通
裏止め用フェルト

〈作品42〉

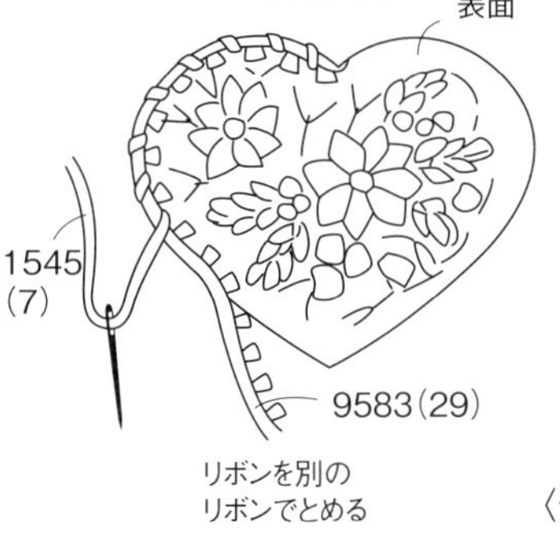

〈作品41〉

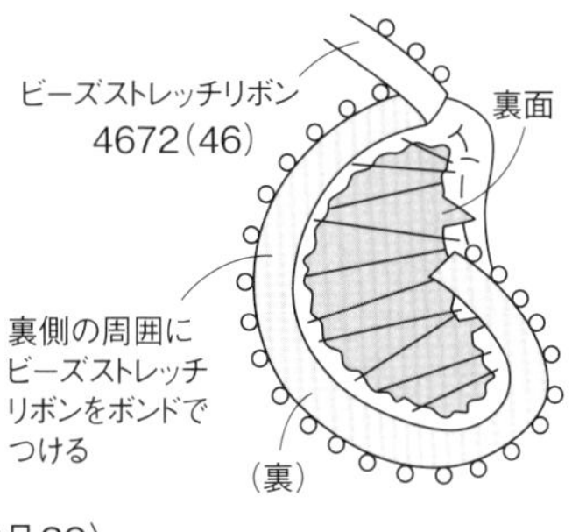

〈作品39〉

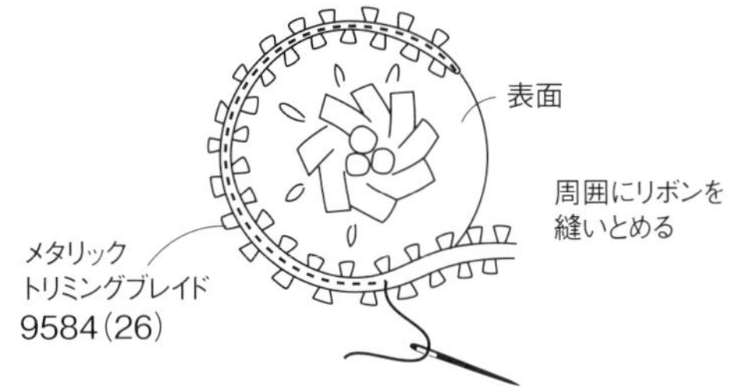

作品39~42 ブローチ　実物大型紙・図案

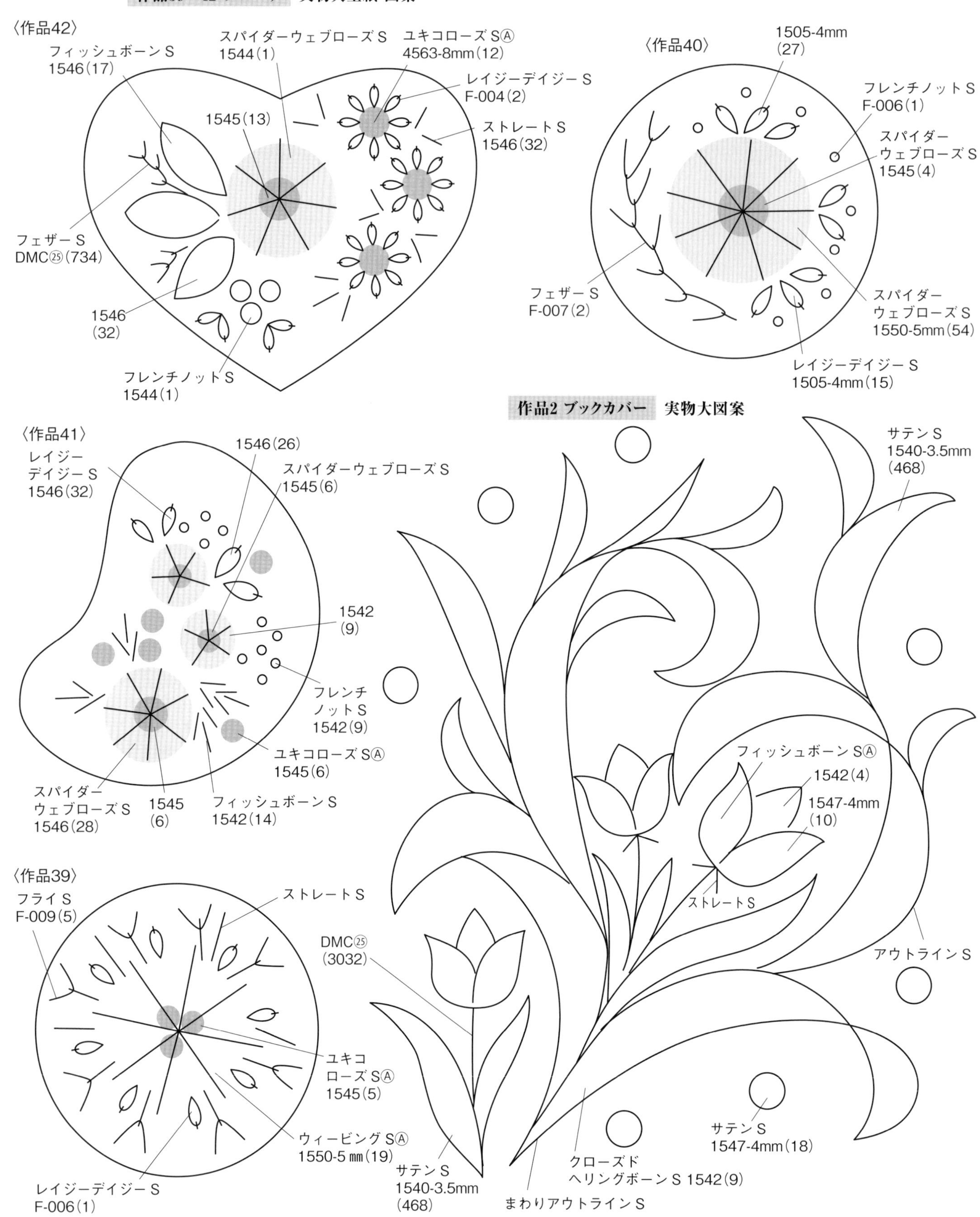

1,2. ブックカバー （10ページ）

実物大型紙・図案… 作品1:87ページ　作品2:86ページ

＊用尺は作品1／文庫サイズ　＊(　)内は作品2／A5変型サイズ

材料… 表布（麻）・裏布（薄手シーチング）:各40×20cm（各55×25cm）　サテンリボン（1.5cm幅）:17cm（23cm）

刺しゅう用リボンと刺しゅう糸:図案参照

＊材料は、お手持ちの本のサイズを確認しましょう

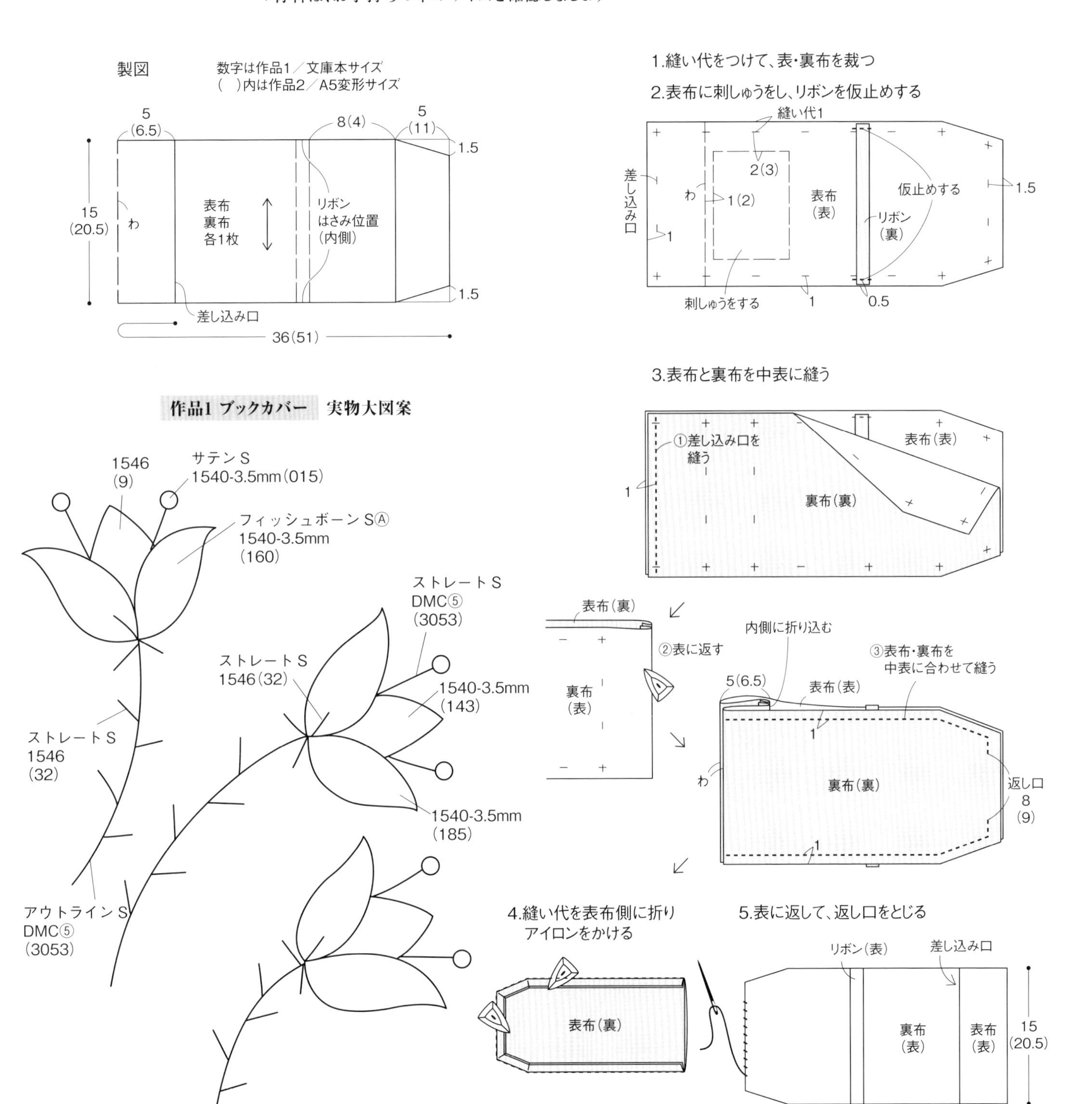

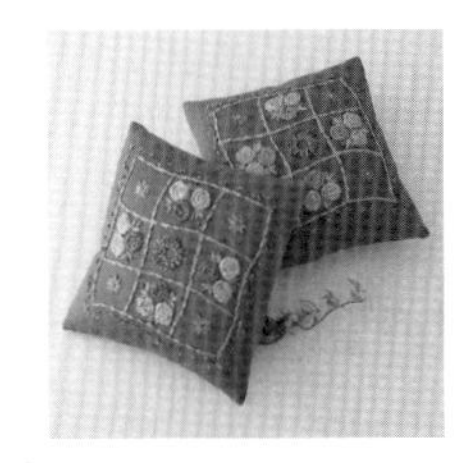

3. クッション (22ページ)

実物大型紙・図案… 89ページ

材料… 表布(麻):70×35cm　ファスナー(27cm):1本　ヌードクッション(30cm四方):1個
刺しゅう用リボンと刺しゅう糸:図案参照

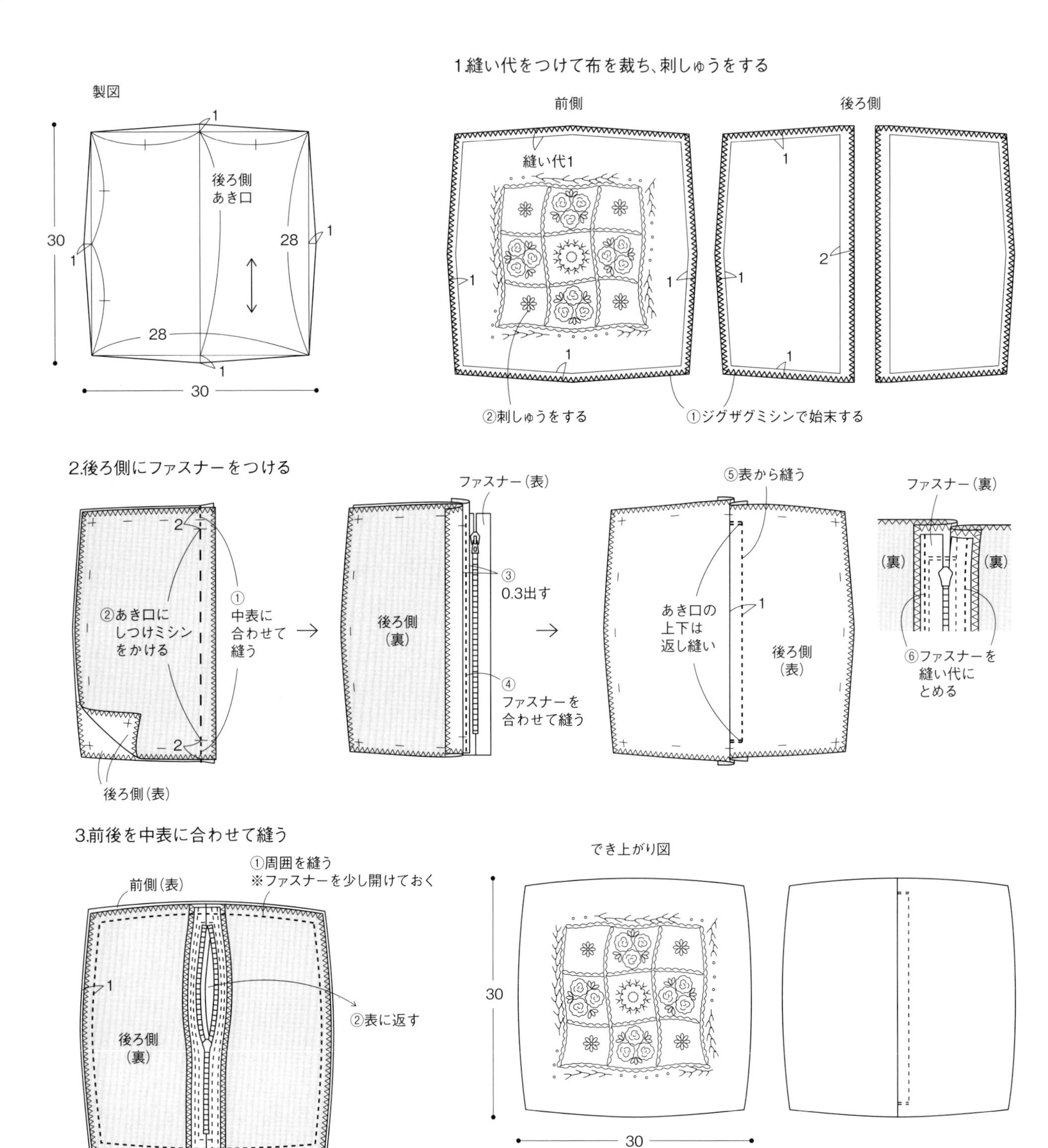

作品3 クッション　実物大図案
※リボンの色は(　)内…パープル、[　]内…ブルー
＊外枠は中央で左右対称に写します
中央
フレンチノットS
ツイステッドチェーンS
1505-4mm
(27) [15]
フェザーS
F-007
(3) [5]
レイジーデイジーS
1546
(9) [14]
フレンチノットS
1545
(7) [8]
レイジーデイジーS
1546
(26) [26]
ツイステッドチェーンS
1540-7mm
(163) [214]
レイジーデイジー
ノットS
1545 (7) [8]
フライS
No.F-007
(3) [5]
1541
(158) [204]
1540-7mm
(153) [204]
中心
ロゼットチェーンS
1540-7mm
(162) [296]
レイジーデイジーS
ツイステッドチェーンS

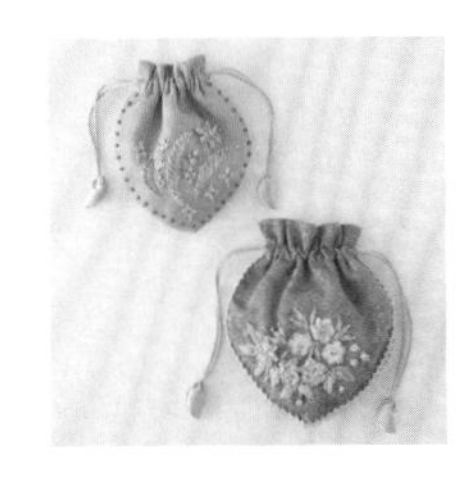

4,5. 巾着2種 (36ページ)

実物大型紙・図案... 91ページ

材料＜作品5＞... 表布(モアレ生地):25×30cm　裏布(綿ブロード):25×20cm
ひも飾り(3.6cm幅サテンリボン):15cm　中綿:適宜　メタリックコード(直径0.3cm):120cm
刺しゅう用リボン:各適宜　飾り用リボン:45cm　刺しゅう用リボンと刺しゅう糸:図案参照

材料＜作品5＞... 表布(麻):20×25cm　裏布(綿ブロード):20×20cm　ひも飾り(3.6cm幅サテンリボン):15cm
中綿:適宜　メタリックコード(直径0.3cm):100cm　刺しゅう用リボンと刺しゅう糸:図案参照

〈作品4・5共通〉
1.型紙に縫い代をつけて布を裁つ

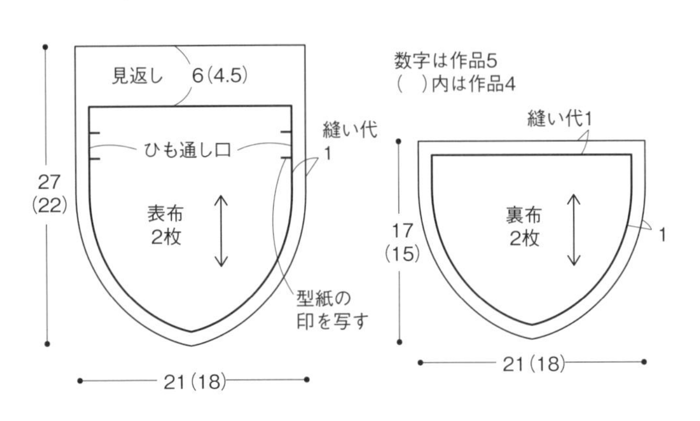

2.表布1枚に刺しゅうをする
3.表布を中表に合わせて縫う

4.ひも通しを縫う

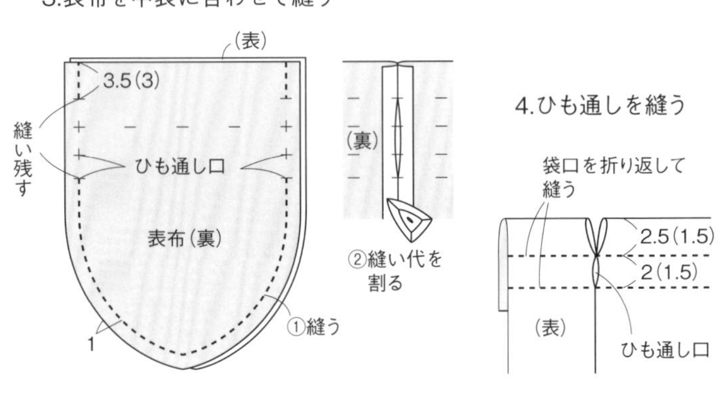

5.裏布を縫う

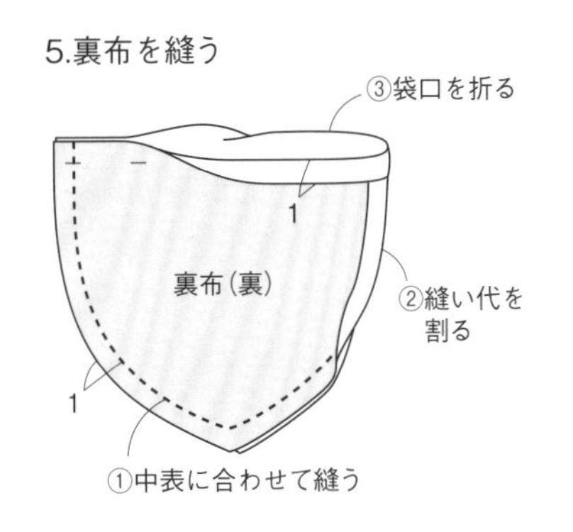

6.表布に裏布をつける

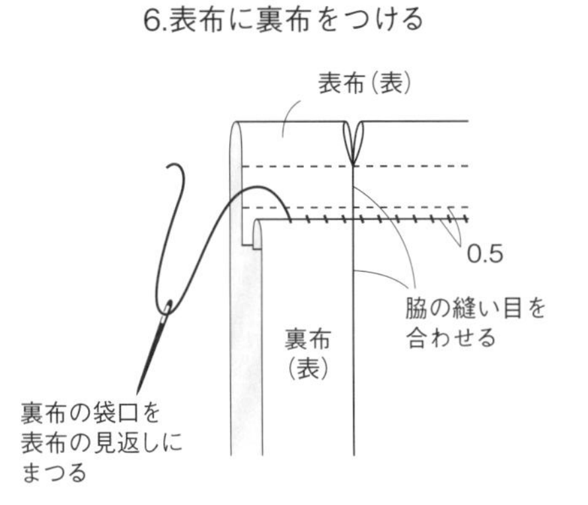

7.表布にリボンを縫いつける
(作品5のみつける)

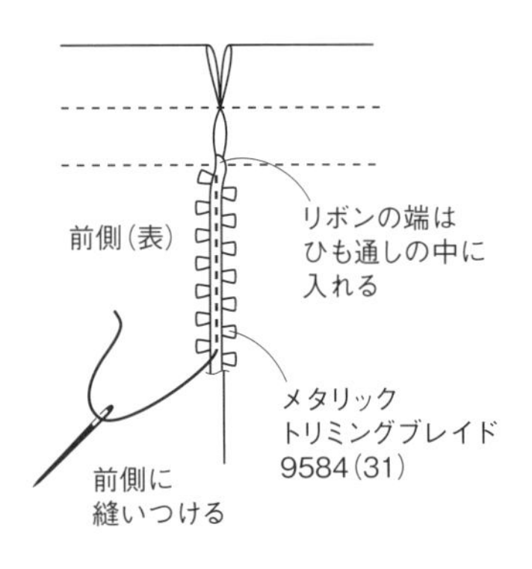

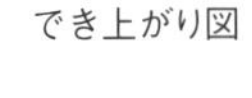

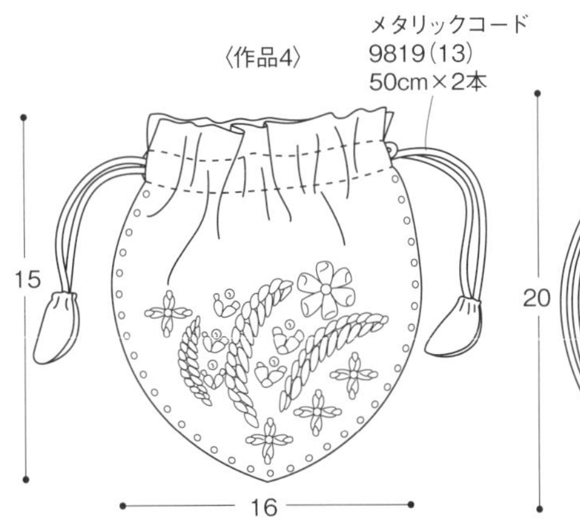

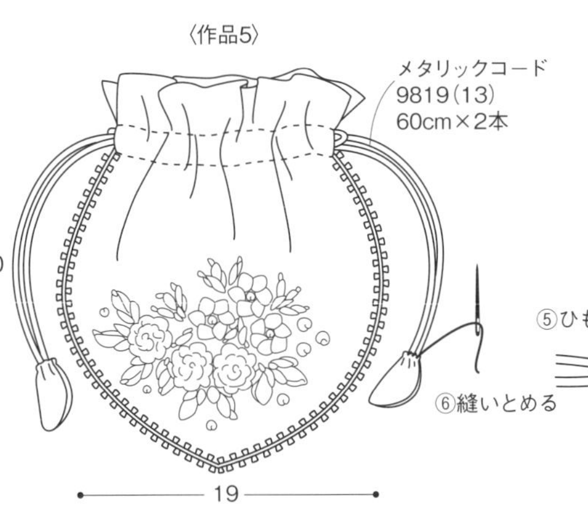

8.ひもを通し、ひも飾りをつける

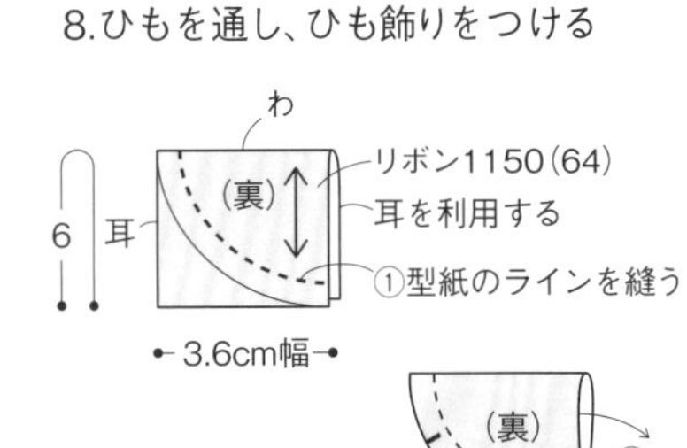

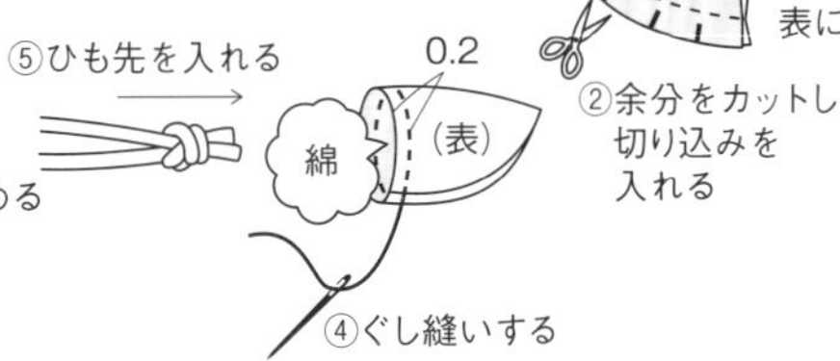

作品4･5 巾着2種　実物大型紙･図案

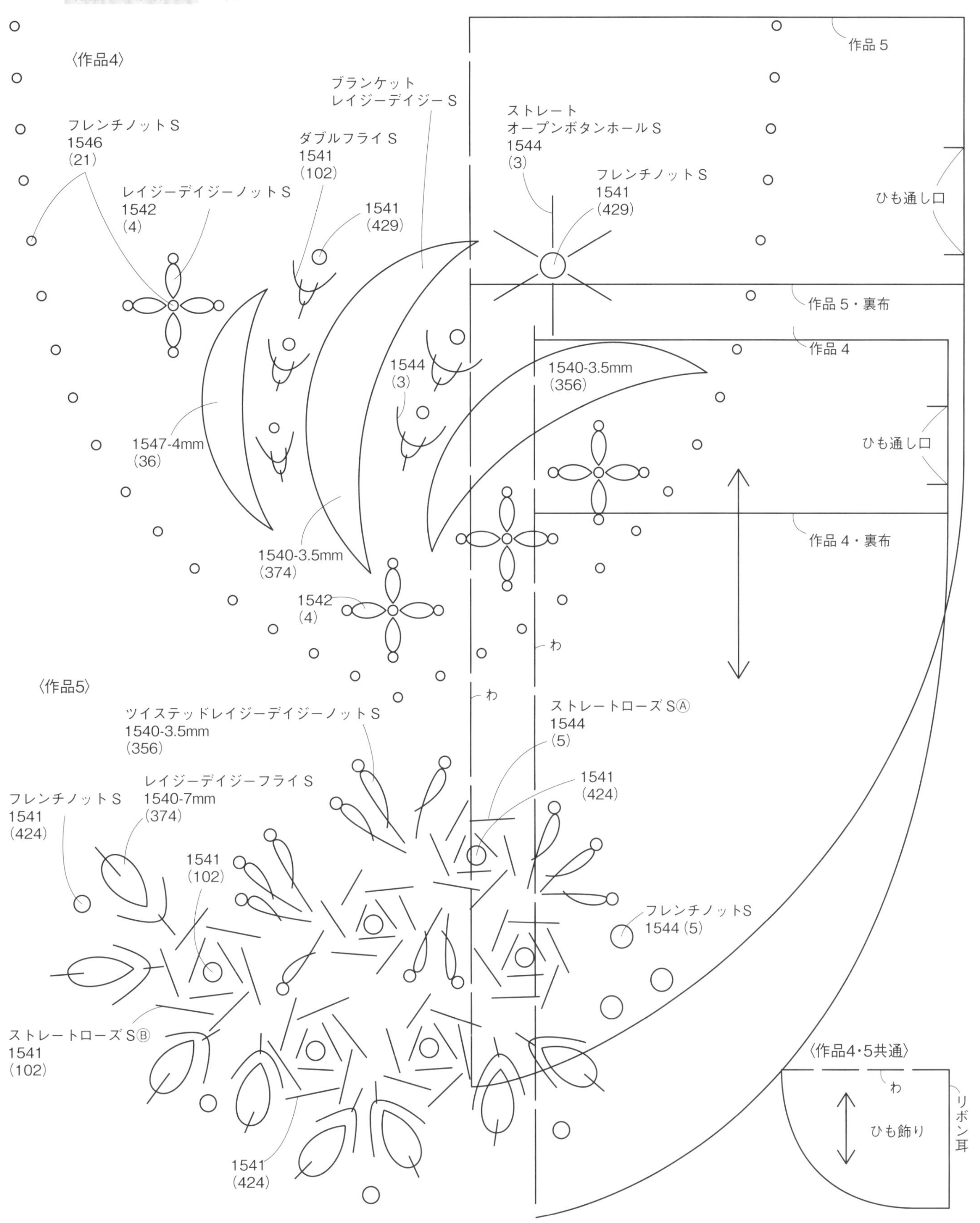

6. ポーチ （37ページ）

実物大図案... 95ページ

材料... 表布（別珍）:25×35cm　裏布（綿シーチング）:25×35cm　ファスナー（20cm）:1本
タブ（1.5cm幅リボン）:5cm　刺しゅう用リボンと刺しゅう糸:図案参照

1縫い代をつけて布を裁つ

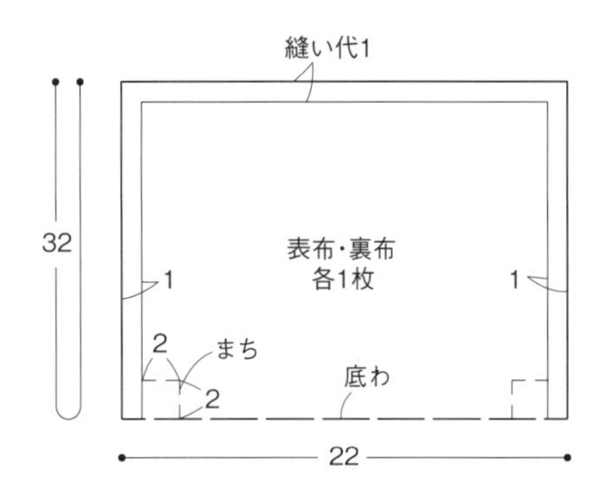

2.表布に刺しゅうをする

3.表布にファスナーをつける

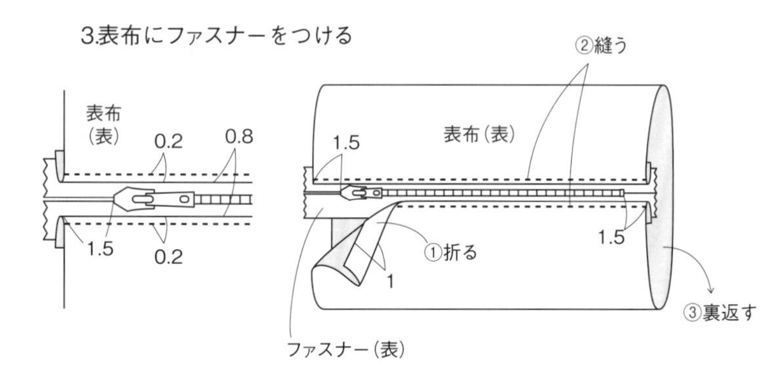

4.タブをはさんで脇を縫う

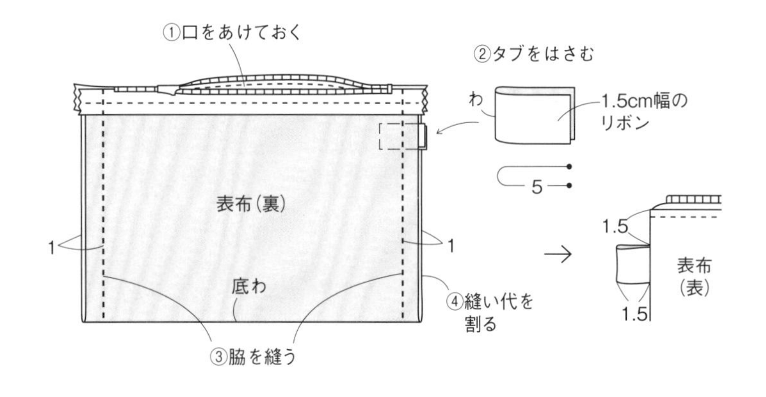

5.まちを縫う

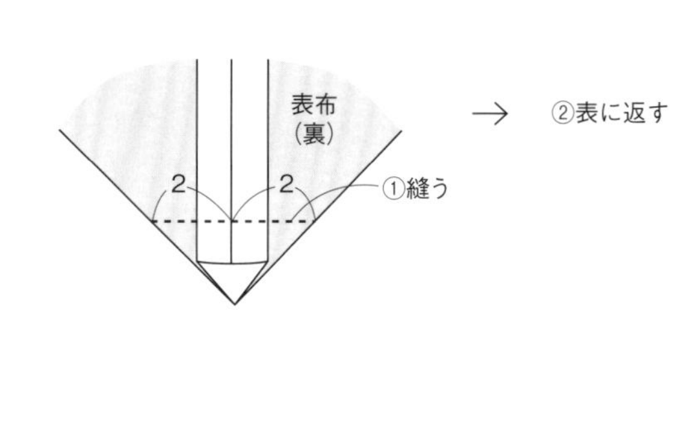

6.裏布を縫う

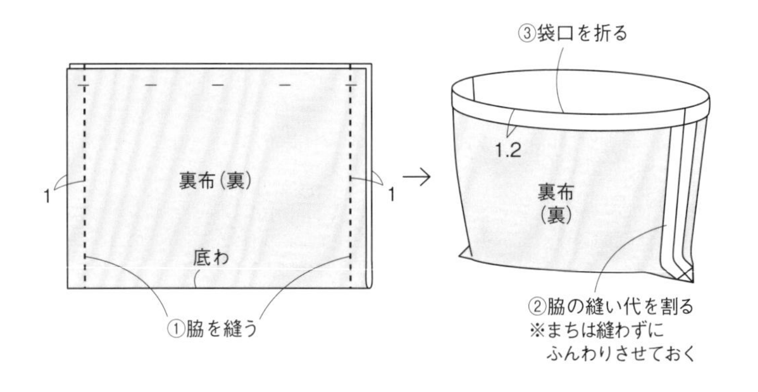

7.裏布の袋口に
ファスナーを
まつる

でき上がり図

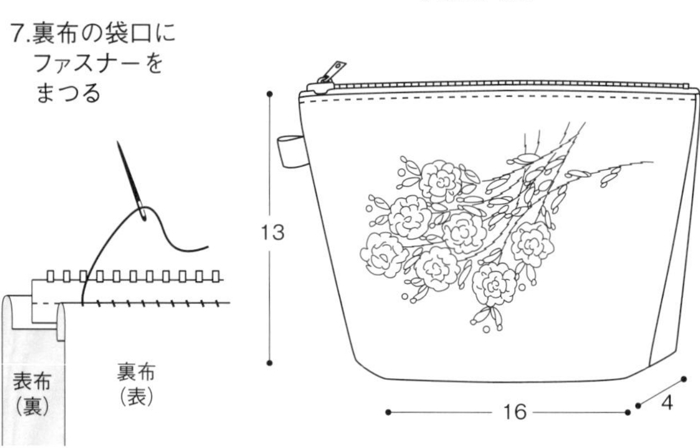

19. オーバル型の箱 (60ページ)

実物大型紙・図案... 95ページ

材料... ふた用リボン(10cm幅シルクモアレリボン):15cm
側面用リボン(7.5cm幅シルクモアレリボン):35cm　つなぎ用リボン(2.5cm幅):10cm
タブ用リボン(1.5cm幅):10cm　ストレッチサテンリボン(1.5cm幅):35cm　中綿・台紙:各適宜
オーバル型の空き箱:1個　両面テープ:適宜　刺しゅう用リボンと刺しゅう糸:図案参照

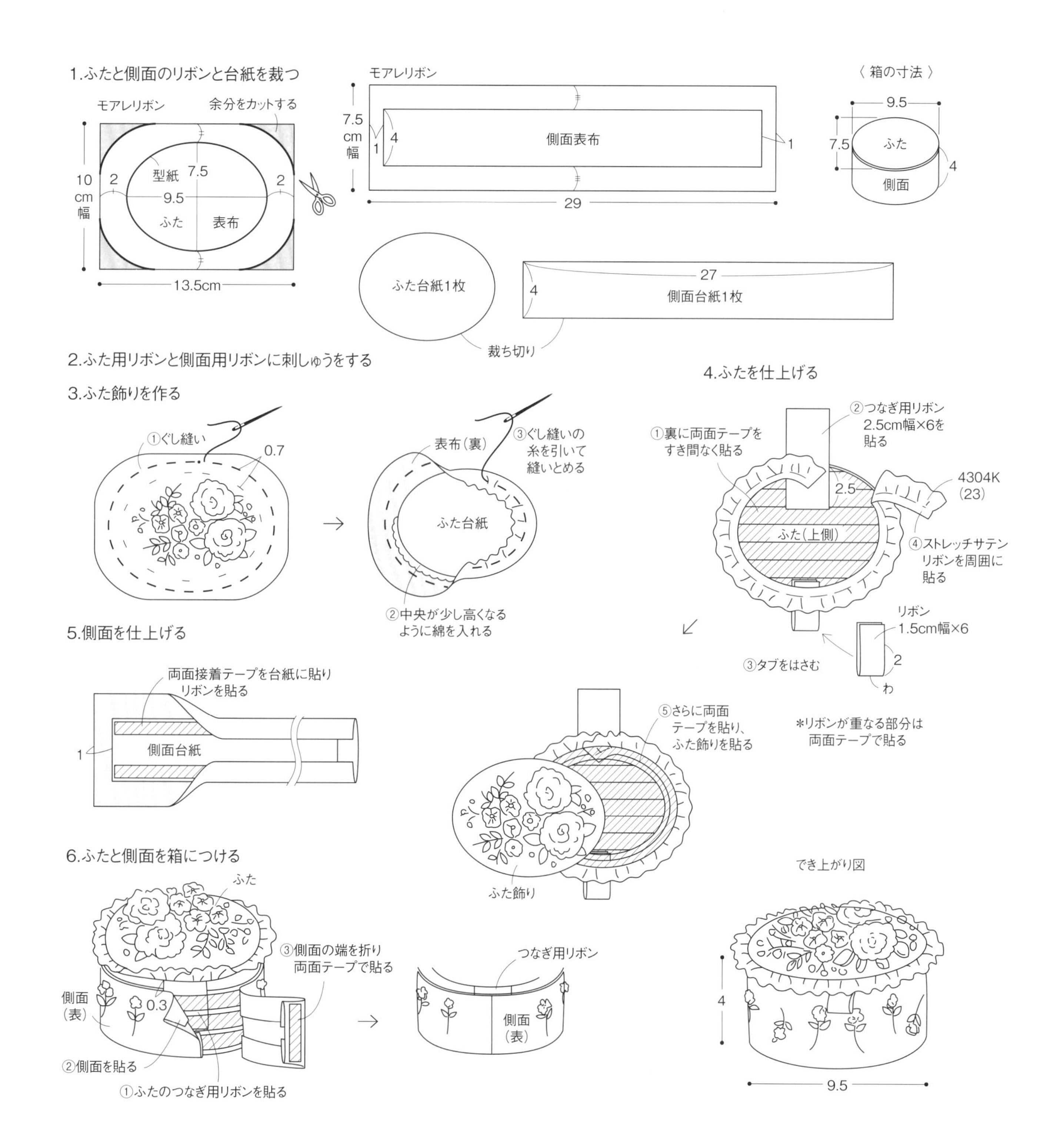

20,21. 箱のふた2種 (61ページ)

実物大型紙・図案… 94ページ

材料<共通:1個分>… 表ふた用リボン(7.5㎝幅シルクモアレリボン):10㎝　縁用リボン(No.9336):25cm
中綿・台紙:各適宜　筒型の空き箱:1個　両面テープ:適宜
刺しゅう用リボンと刺しゅう糸:図案参照

1.ふたのリボンと台紙を裁つ

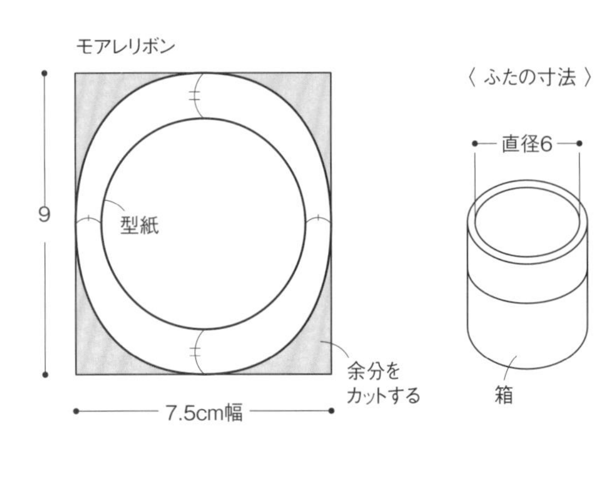

2.刺しゅうをする
3.ふた飾りを作る(P93参照)

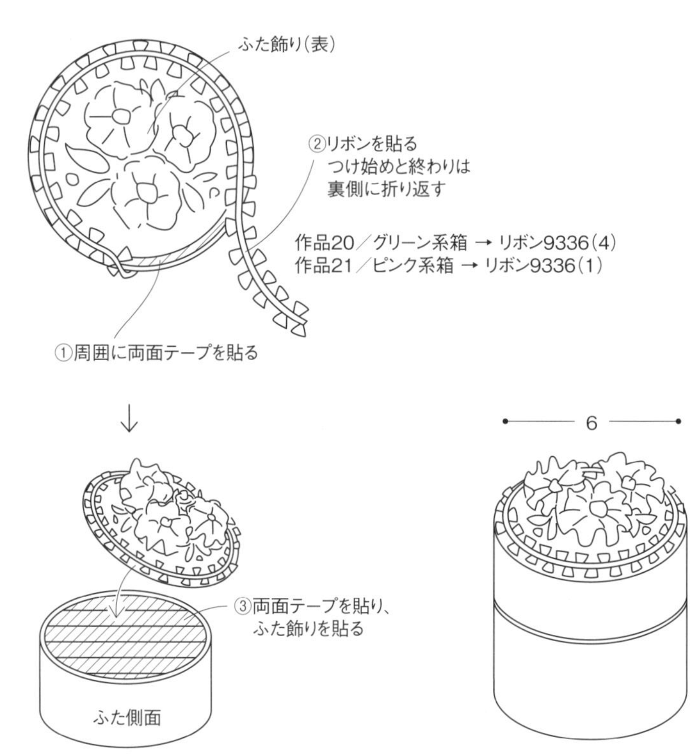

台紙
1枚
6
6

作品20　実物大型紙・図案

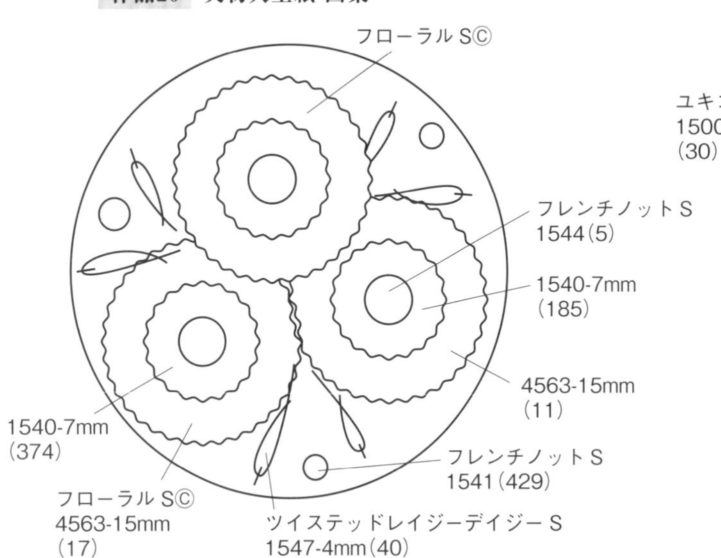

作品21　実物大型紙・図案

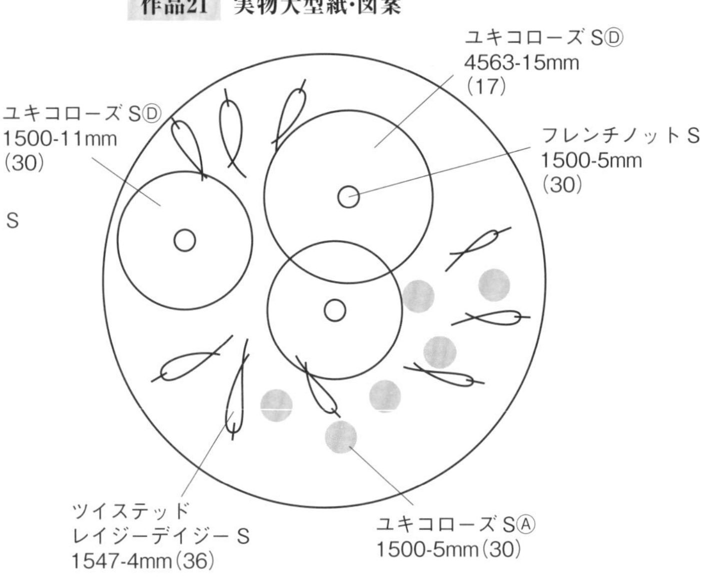

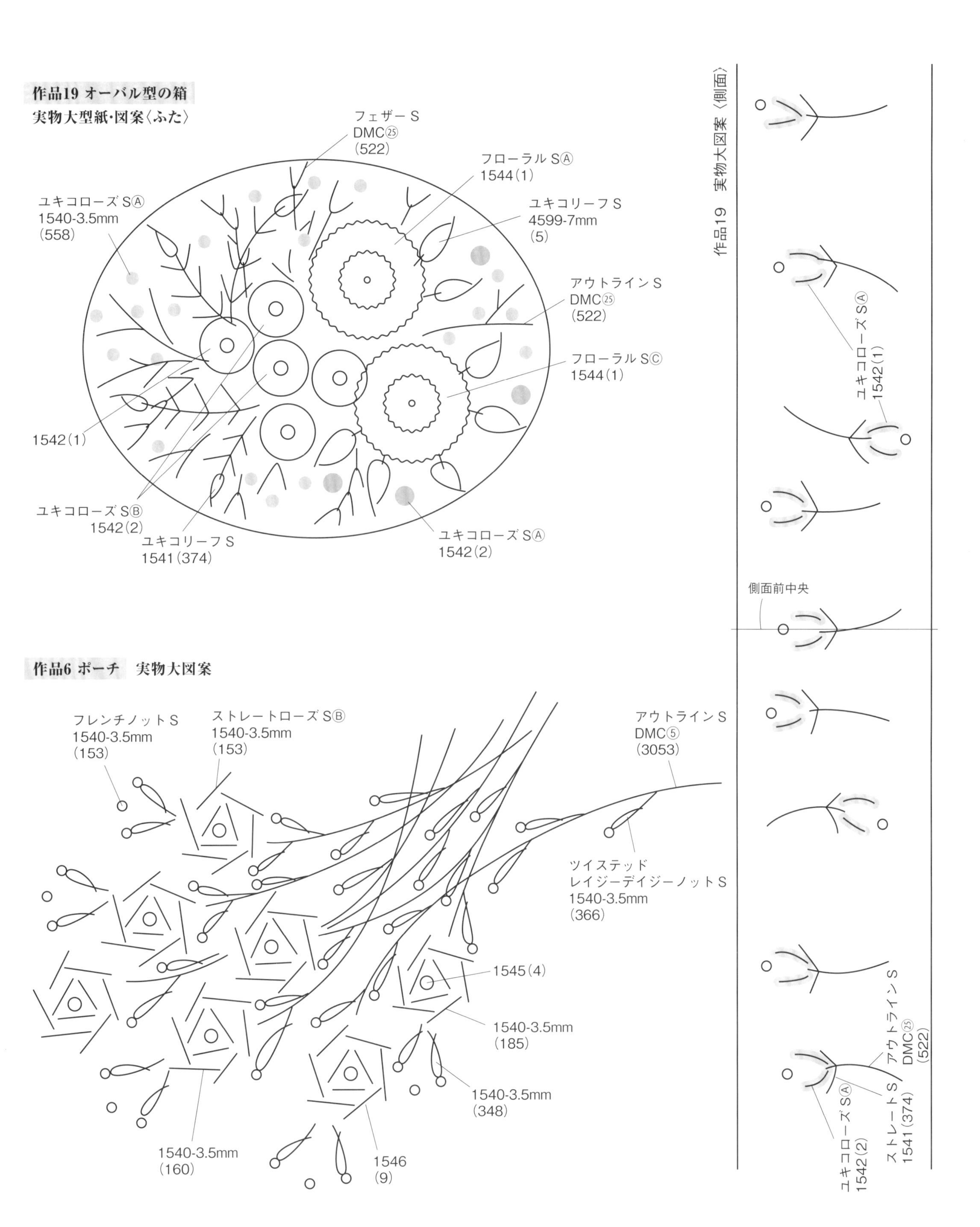
作品19 オーバル型の箱
実物大型紙・図案〈ふた〉
フェザーS
DMC㉕
(522)
フローラルSⒶ
1544(1)
ユキコリーフS
4599-7mm
(5)
ユキコローズSⒶ
1540-3.5mm
(558)
アウトラインS
DMC㉕
(522)
フローラルSⒸ
1544(1)
1542(1)
ユキコローズSⒷ
1542(2)
ユキコリーフS
1541(374)
ユキコローズSⒶ
1542(2)
作品19 実物大図案〈側面〉
ユキコローズSⒶ
1542(1)
側面前中央
アウトラインS
DMC㉕
(522)
ストレートS
1541(374)
ユキコローズSⒶ
1542(2)
作品6 ポーチ 実物大図案
フレンチノットS
1540-3.5mm
(153)
ストレートローズSⒷ
1540-3.5mm
(153)
アウトラインS
DMC⑤
(3053)
ツイステッド
レイジーデイジーノットS
1540-3.5mm
(366)
1545(4)
1540-3.5mm
(185)
1540-3.5mm
(348)
1540-3.5mm
(160)
1546
(9)

作品7〜12 ミニ額(48ページ) **実物大図案**　※花の芯になる糸はDMC⑤共通。糸の色はリボンの花の色に合わせる。

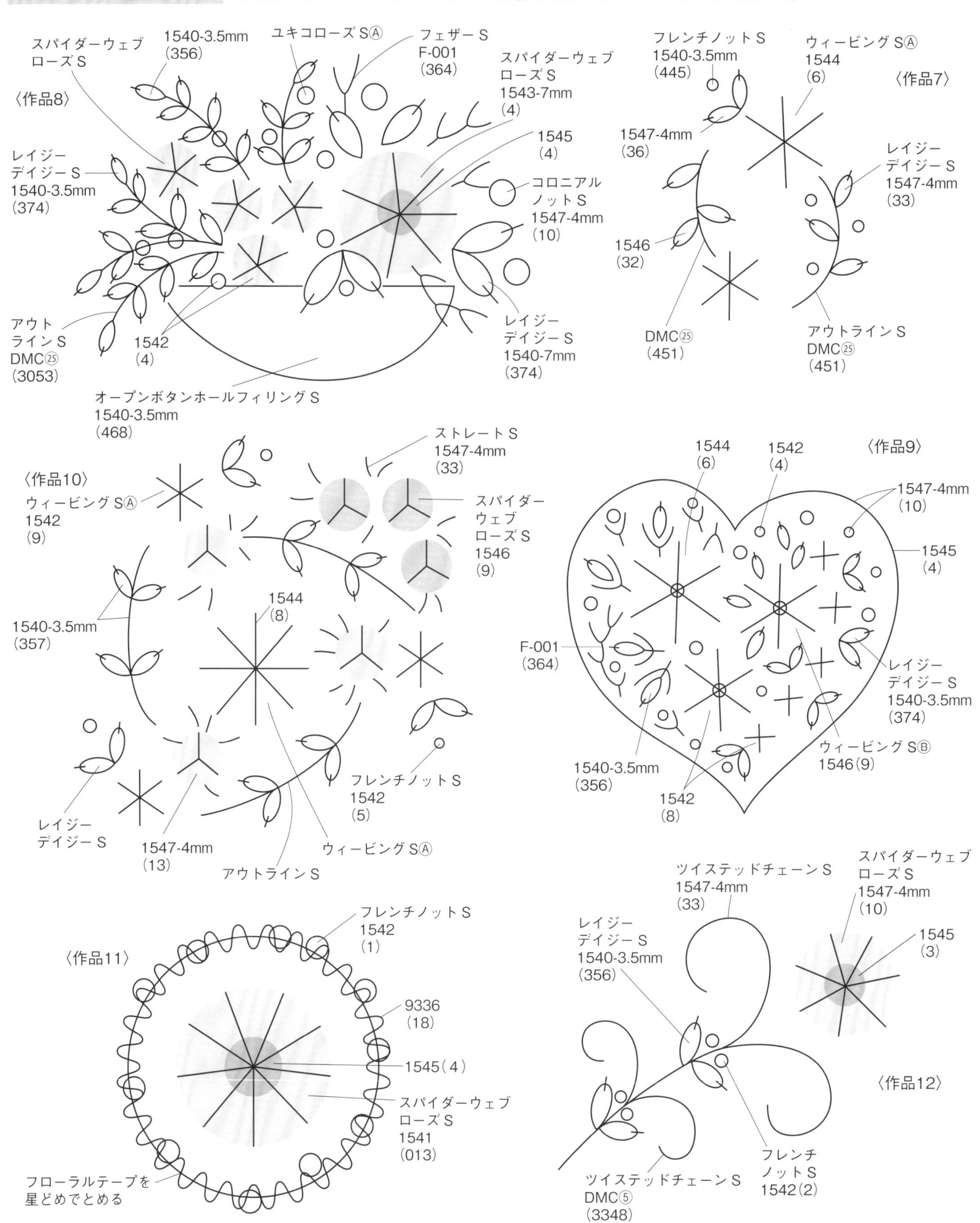

作品13～18 ミニ額(49ページ) 実物大図案　※花の芯になる糸はDMC⑤共通。糸の色はリボンの花の色に合わせる。

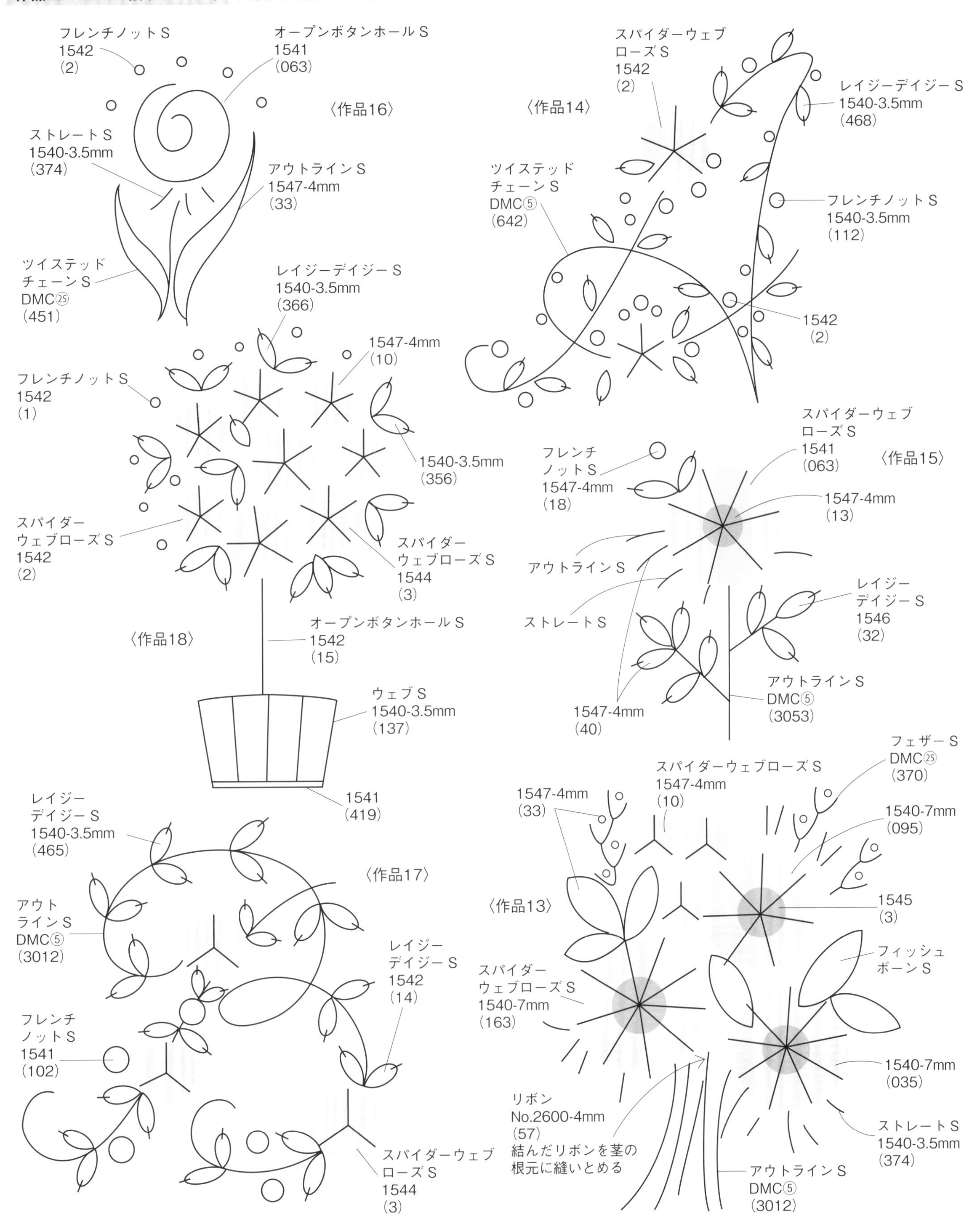

 実物大図案

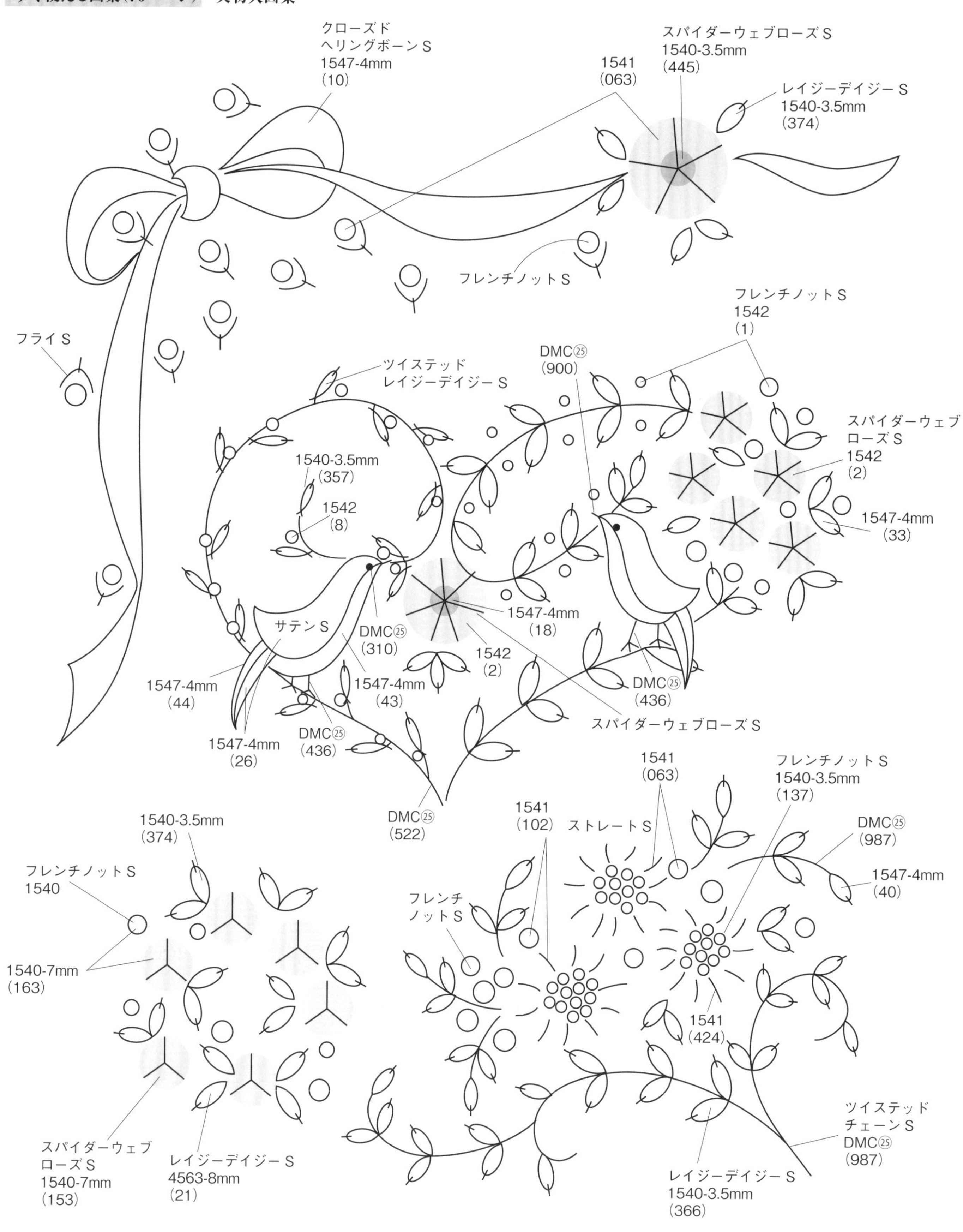
クローズド
ヘリングボーンS
1547-4mm
(10)
1541
(063)
スパイダーウェブローズS
1540-3.5mm
(445)
レイジーデイジーS
1540-3.5mm
(374)
フレンチノットS
フライS
フレンチノットS
1542
(1)
DMC㉕
(900)
ツイステッド
レイジーデイジーS
スパイダーウェブ
ローズS
1542
(2)
1540-3.5mm
(357)
1542
(8)
1547-4mm
(33)
1547-4mm
(18)
サテンS
DMC㉕
(310)
1542
(2)
1547-4mm
(44)
1547-4mm
(43)
DMC㉕
(436)
1547-4mm
(26)
DMC㉕
(436)
スパイダーウェブローズS
DMC㉕
(522)
1541
(063)
フレンチノットS
1540-3.5mm
(137)
1540-3.5mm
(374)
1541
(102)
ストレートS
DMC㉕
(987)
フレンチノットS
1540
1547-4mm
(40)
フレンチ
ノットS
1540-7mm
(163)
1541
(424)
ツイステッド
チェーンS
DMC㉕
(987)
スパイダーウェブ
ローズS
1540-7mm
(153)
レイジーデイジーS
4563-8mm
(21)
レイジーデイジーS
1540-3.5mm
(366)

 実物大図案

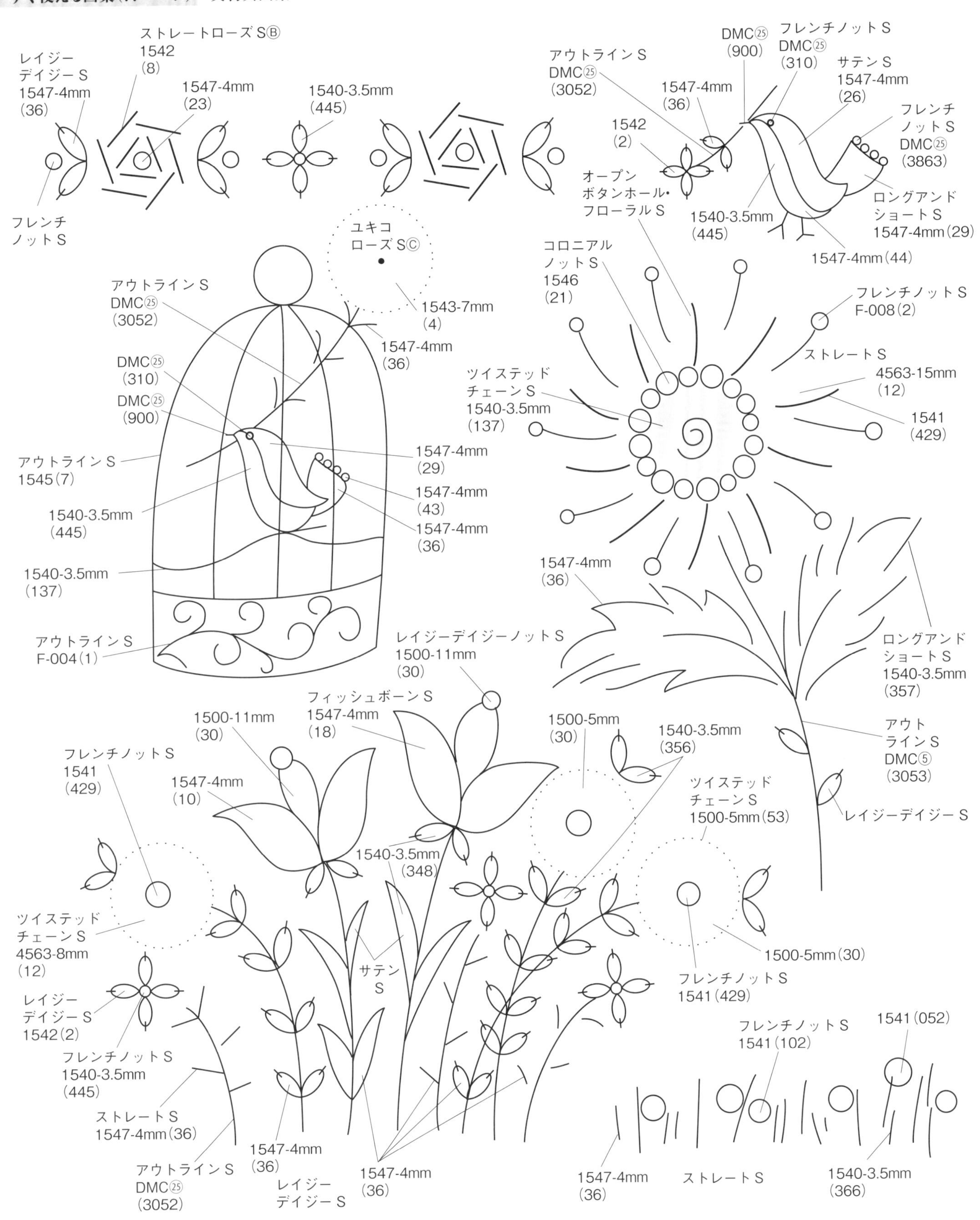

ストレートローズS Ⓑ 1542 (8)
レイジーデイジーS 1547-4mm (36)
1547-4mm (23)
1540-3.5mm (445)
フレンチノットS
DMC㉕ (900)
フレンチノットS DMC㉕ (310)
アウトラインS DMC㉕ (3052)
サテンS 1547-4mm (26)
1547-4mm (36)
1542 (2)
フレンチノットS DMC㉕ (3863)
オープンボタンホール・フローラルS
1540-3.5mm (445)
ロングアンドショートS 1547-4mm (29)
1547-4mm (44)
ユキコローズS Ⓒ
1543-7mm (4)
アウトラインS DMC㉕ (3052)
1547-4mm (36)
DMC㉕ (310)
DMC㉕ (900)
アウトラインS 1545 (7)
1540-3.5mm (445)
1547-4mm (29)
1547-4mm (43)
1547-4mm (36)
1540-3.5mm (137)
アウトラインS F-004 (1)
コロニアルノットS 1546 (21)
フレンチノットS F-008 (2)
ストレートS
4563-15mm (12)
ツイステッドチェーンS 1540-3.5mm (137)
1541 (429)
1547-4mm (36)
ロングアンドショートS 1540-3.5mm (357)
アウトラインS DMC⑤ (3053)
レイジーデイジーS
レイジーデイジーノットS 1500-11mm (30)
フィッシュボーンS 1547-4mm (18)
1500-11mm (30)
1500-5mm (30)
1540-3.5mm (356)
フレンチノットS 1541 (429)
1547-4mm (10)
ツイステッドチェーンS 1500-5mm (53)
1540-3.5mm (348)
ツイステッドチェーンS 4563-8mm (12)
サテンS
1500-5mm (30)
フレンチノットS 1541 (429)
レイジーデイジーS 1542 (2)
フレンチノットS 1540-3.5mm (445)
フレンチノットS 1541 (102)
1541 (052)
ストレートS 1547-4mm (36)
アウトラインS DMC㉕ (3052)
1547-4mm (36)
レイジーデイジーS
1547-4mm (36)
1547-4mm (36)
ストレートS
1540-3.5mm (366)

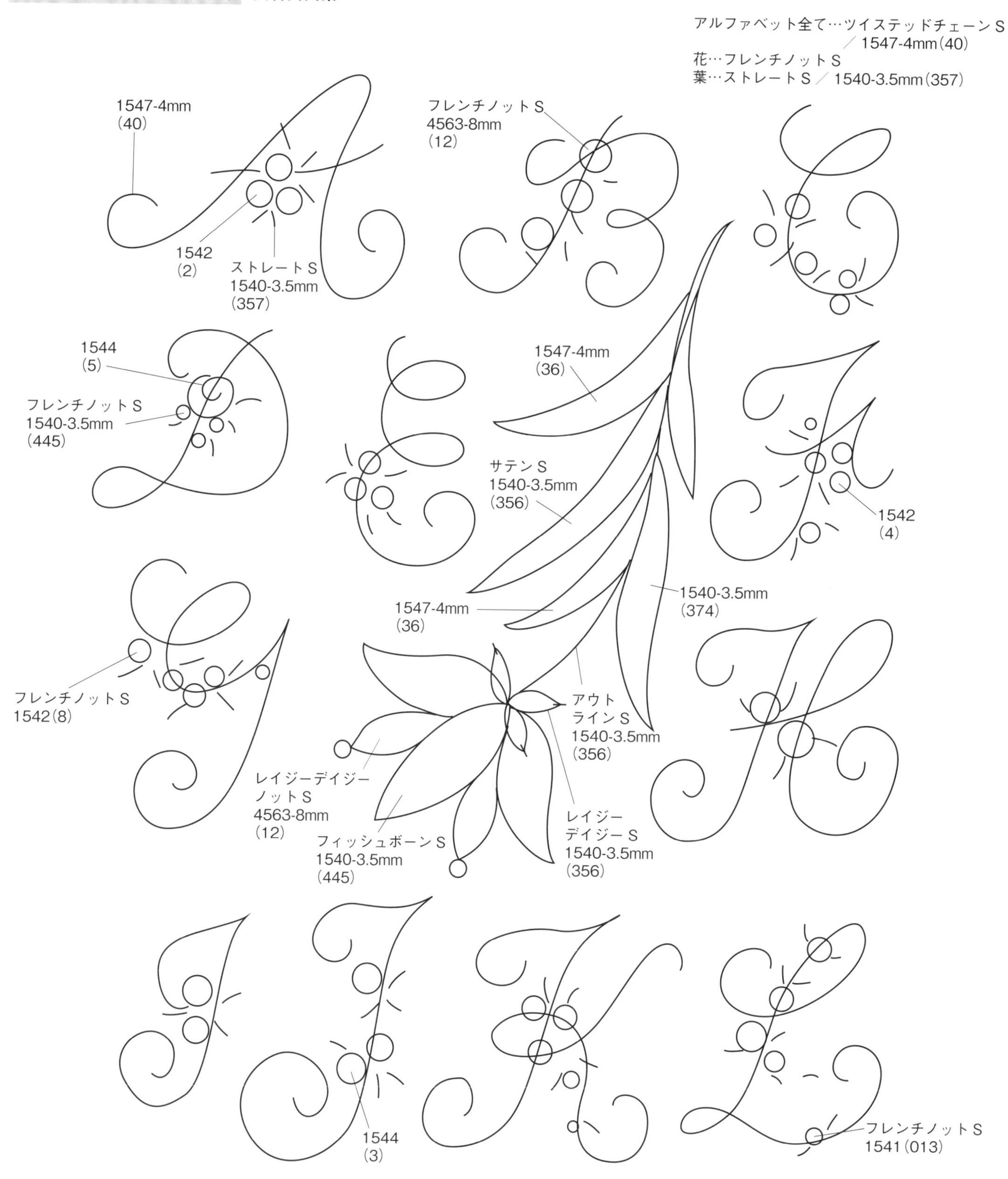
アルファベット全て…ツイステッドチェーンS
／1547-4mm（40）
花…フレンチノットS
葉…ストレートS／1540-3.5mm（357）
1547-4mm
（40）
1542
（2）
ストレートS
1540-3.5mm
（357）
フレンチノットS
4563-8mm
（12）
1544
（5）
フレンチノットS
1540-3.5mm
（445）
1547-4mm
（36）
サテンS
1540-3.5mm
（356）
1542
（4）
1547-4mm
（36）
1540-3.5mm
（374）
フレンチノットS
1542（8）
アウト
ラインS
1540-3.5mm
（356）
レイジーデイジー
ノットS
4563-8mm
（12）
フィッシュボーンS
1540-3.5mm
（445）
レイジー
デイジーS
1540-3.5mm
（356）
1544
（3）
フレンチノットS
1541（013）

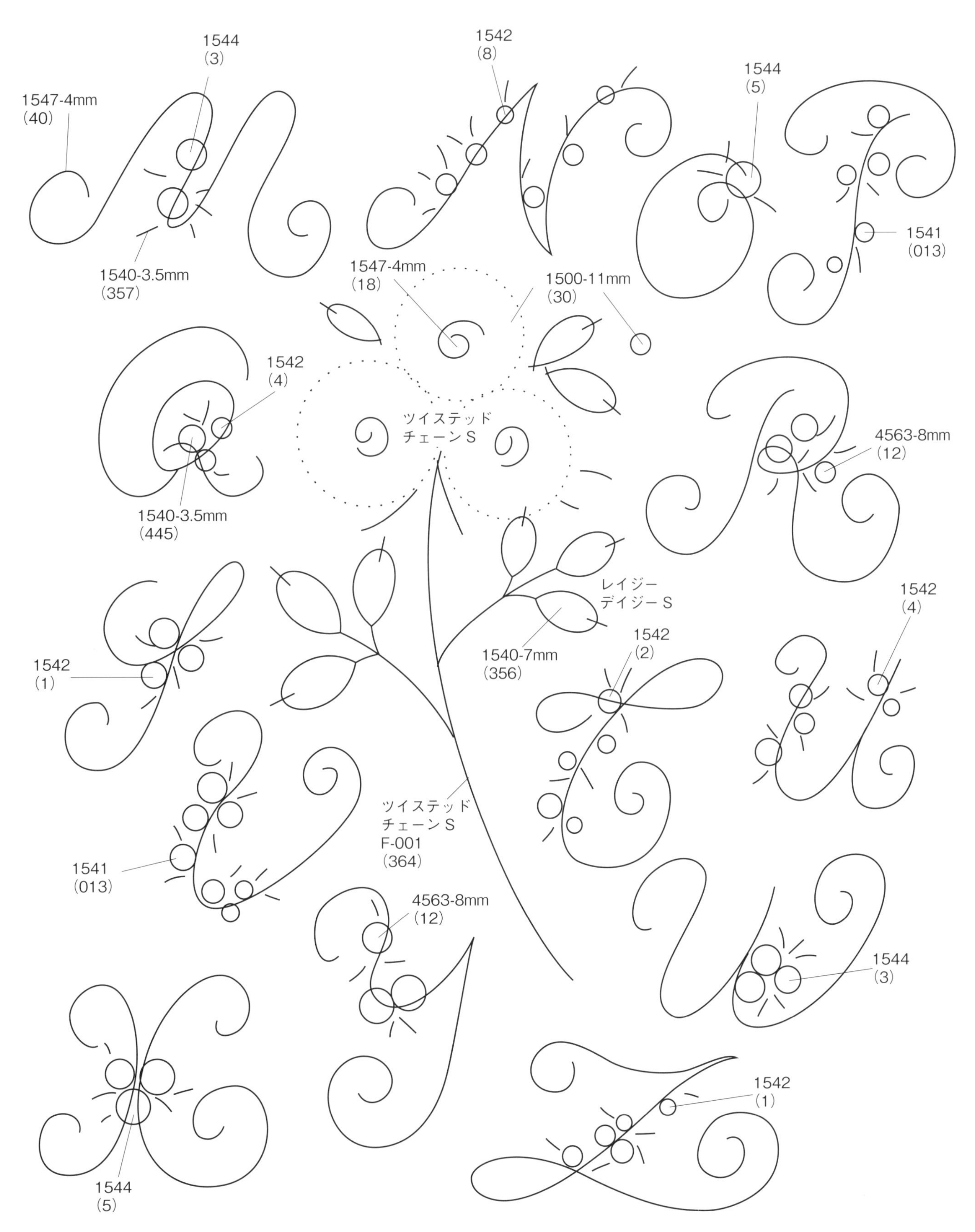

1544
(3)
1547-4mm
(40)
1540-3.5mm
(357)
1542
(8)
1544
(5)
1541
(013)
1547-4mm
(18)
1500-11mm
(30)
1542
(4)
ツイステッド
チェーンS
1540-3.5mm
(445)
4563-8mm
(12)
レイジー
デイジーS
1540-7mm
(356)
1542
(4)
1542
(1)
1542
(2)
ツイステッド
チェーンS
F-001
(364)
1541
(013)
4563-8mm
(12)
1544
(3)
1542
(1)
1544
(5)

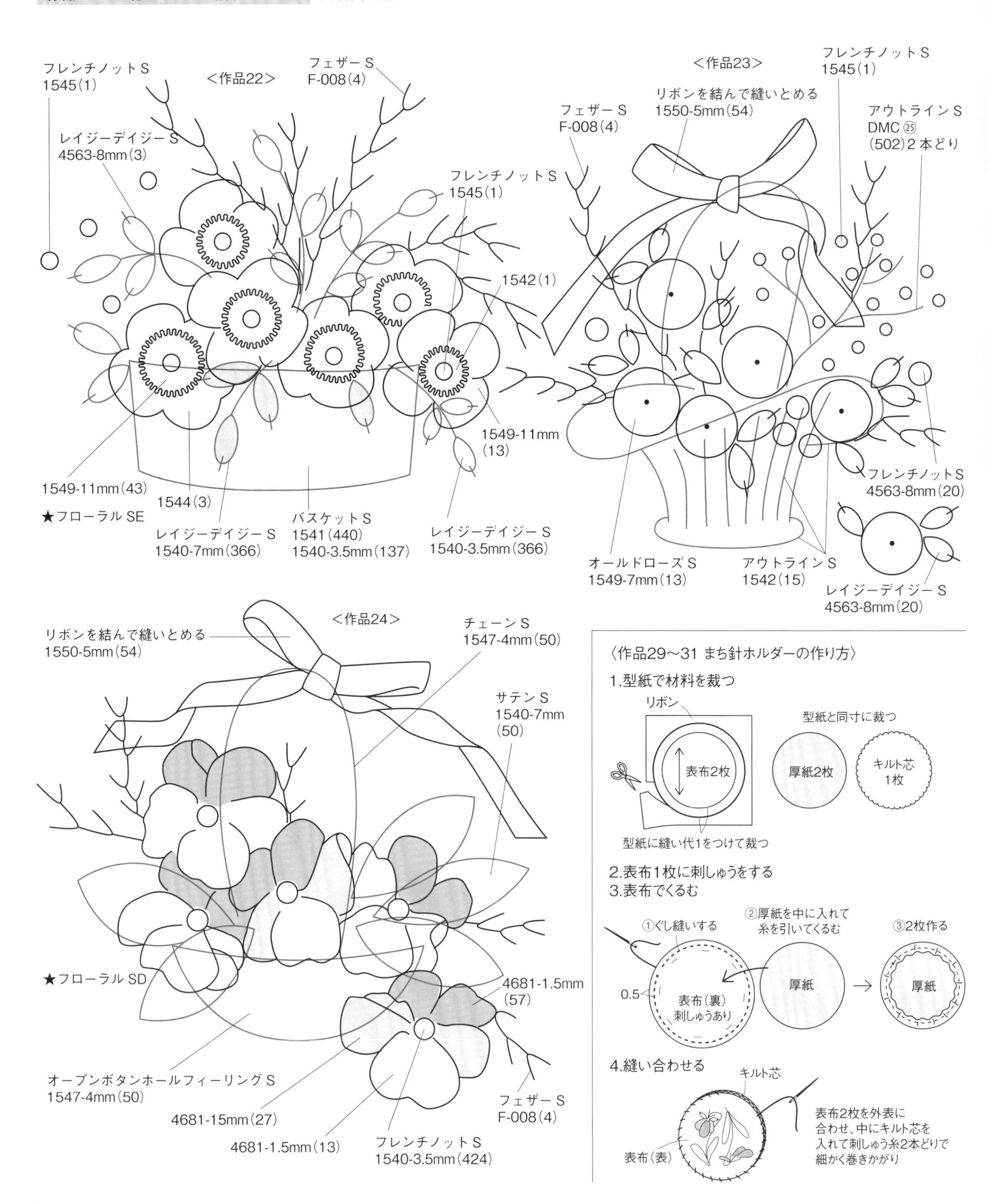

<作品22>
フレンチノットS
1545(1)
フェザーS
F-008(4)
レイジーデイジーS
4563-8mm(3)
フレンチノットS
1545(1)
1542(1)
1549-11mm
(13)
1549-11mm(43)
1544(3)
★フローラルSE
レイジーデイジーS
1540-7mm(366)
バスケットS
1541(440)
1540-3.5mm(137)
レイジーデイジーS
1540-3.5mm(366)
<作品23>
フレンチノットS
1545(1)
フェザーS
F-008(4)
リボンを結んで縫いとめる
1550-5mm(54)
アウトラインS
DMC ㉕
(502)2本どり
フレンチノットS
4563-8mm(20)
オールドローズS
1549-7mm(13)
アウトラインS
1542(15)
レイジーデイジーS
4563-8mm(20)
<作品24>
リボンを結んで縫いとめる
1550-5mm(54)
チェーンS
1547-4mm(50)
サテンS
1540-7mm
(50)
★フローラルSD
4681-1.5mm
(57)
オープンボタンホールフィーリングS
1547-4mm(50)
4681-15mm(27)
4681-1.5mm(13)
フレンチノットS
1540-3.5mm(424)
フェザーS
F-008(4)
〈作品29〜31 まち針ホルダーの作り方〉
1.型紙で材料を裁つ
リボン
表布2枚
型紙と同寸に裁つ
厚紙2枚
キルト芯
1枚
型紙に縫い代1をつけて裁つ
2.表布1枚に刺しゅうをする
3.表布でくるむ
①ぐし縫いする
②厚紙を中に入れて
糸を引いてくるむ
③2枚作る
0.5
表布(裏)
刺しゅうあり
厚紙
厚紙
4.縫い合わせる
キルト芯
表布(表)
表布2枚を外表に
合わせ、中にキルト芯を
入れて刺しゅう糸2本どりで
細かく巻きかがり

作品28 ハート型BOX（81ページ） 実物大図案

作品29〜31 まち針ホルダー（81ページ） 実物大図案

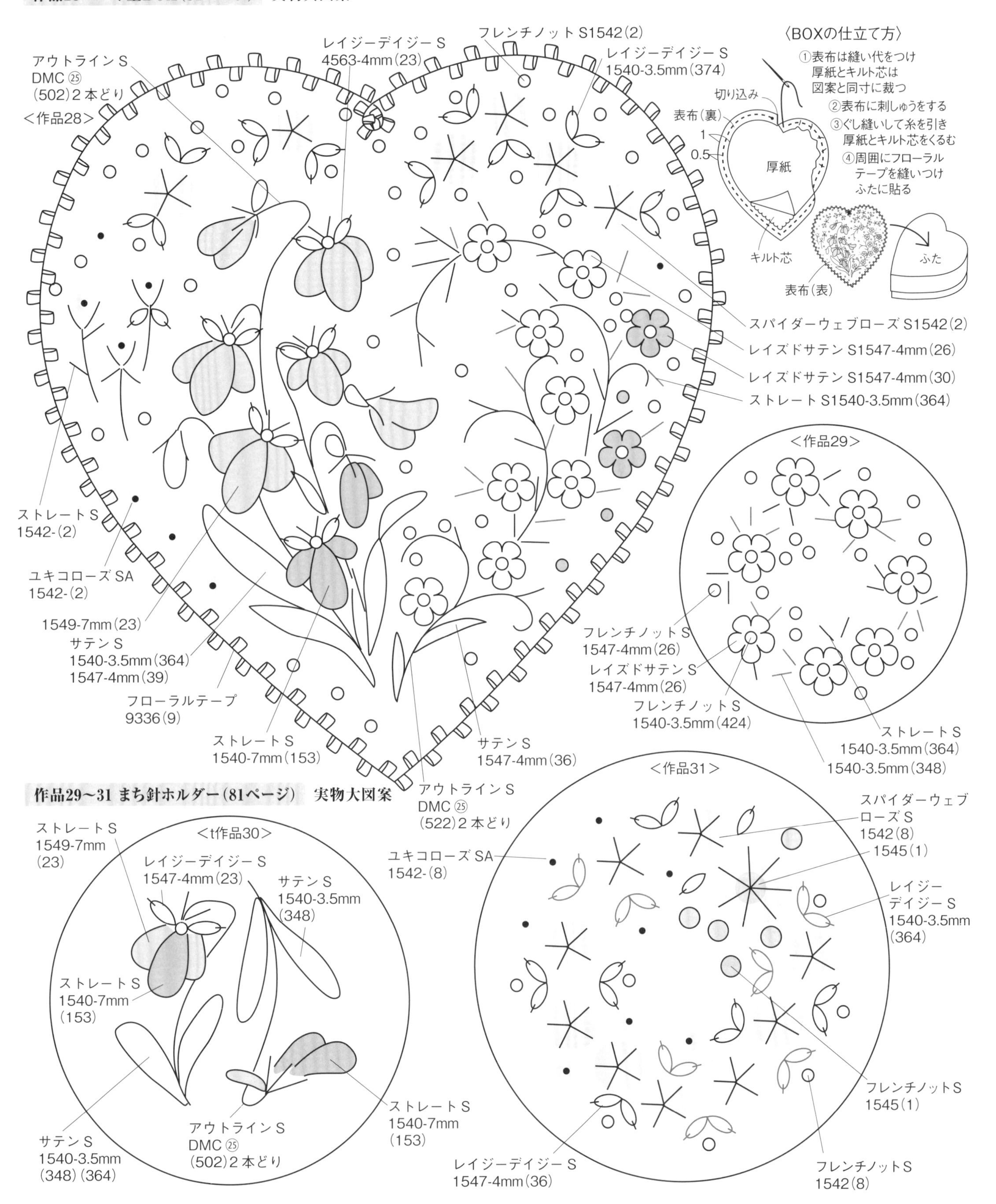

作品25花のサンプラー（80ページ） 実物大図案

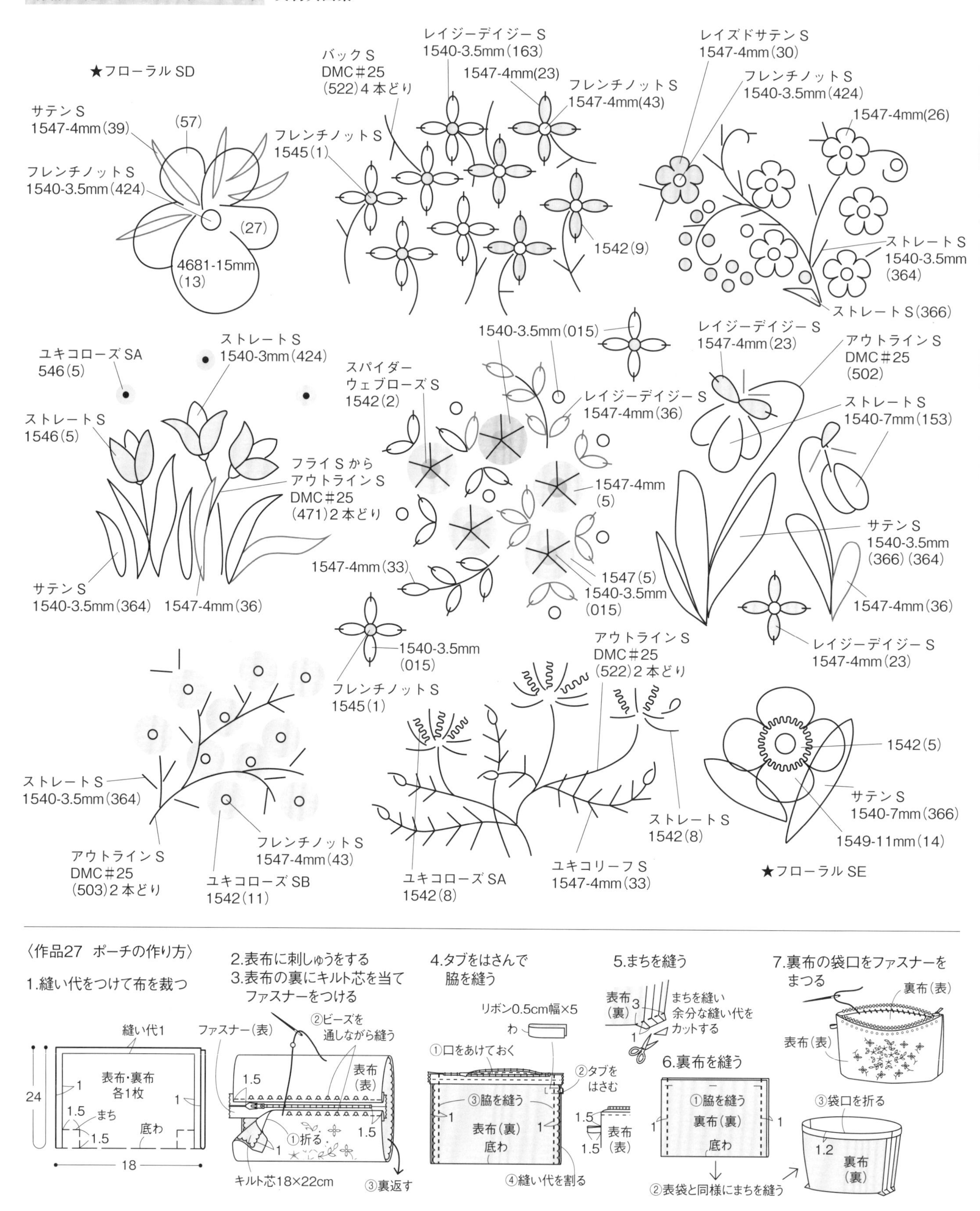

26,27. 巾着とポーチ (80ページ)

実物大型紙・図案… 105ページ

材料〈作品26〉… 表布リボン:20001-100mm(72)×25cm　裏布:10.5×19cm
リボン:1150-25mm(40)×5cm　メタリックコード:30cm×2本

材料〈作品27〉… 表布・裏布:各18×24cm　キルト芯:18×22cm
ファスナー(15cm):1本　ビーズ小:適宜

作品26 巾着　実物大型紙・図案

作品27 ポーチ　実物大図案

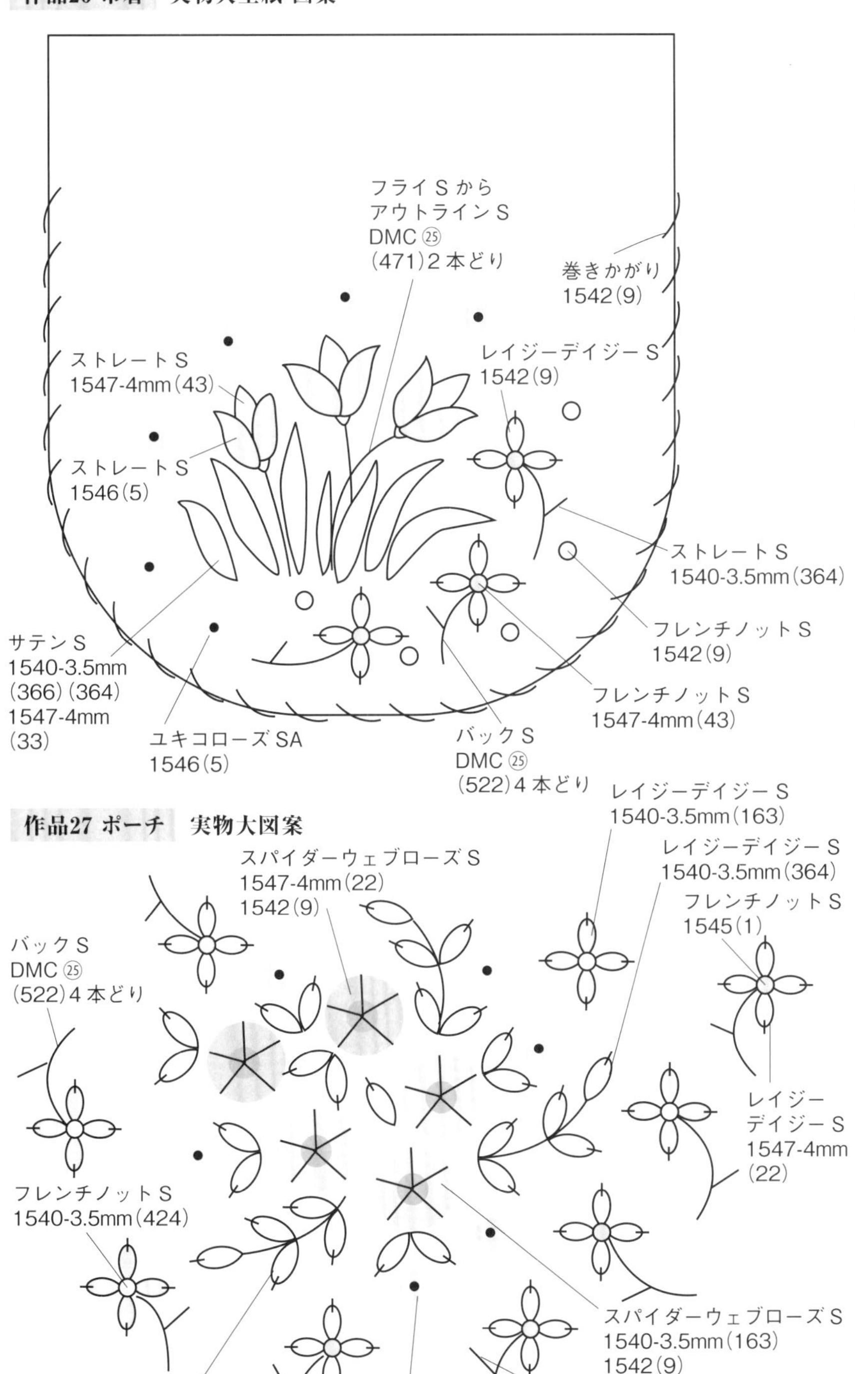

〈作品26 巾着の作り方〉

1.型紙で材料を裁つ

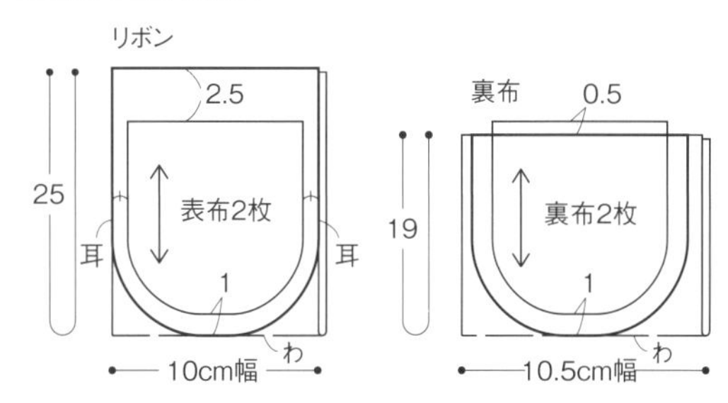

2.表布1枚に刺しゅうをする

3.表布を縫う

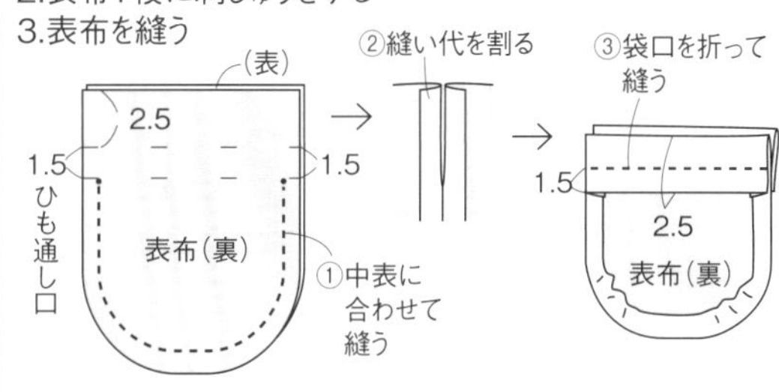

4.裏布を縫う

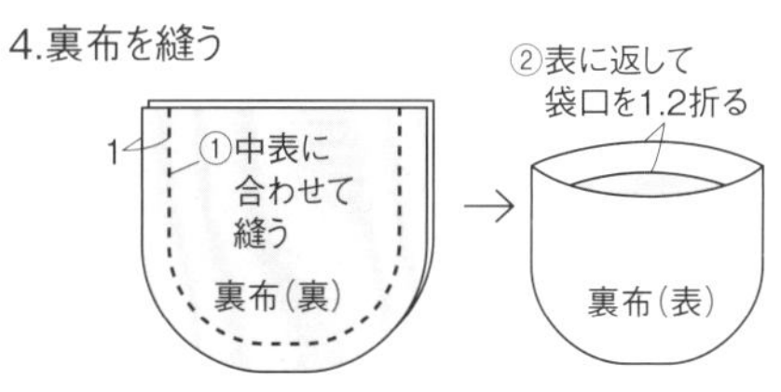

5.3に4をつける

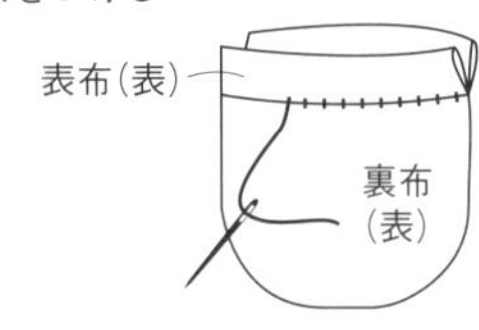

6.ひもを通し、ひも飾りをつける

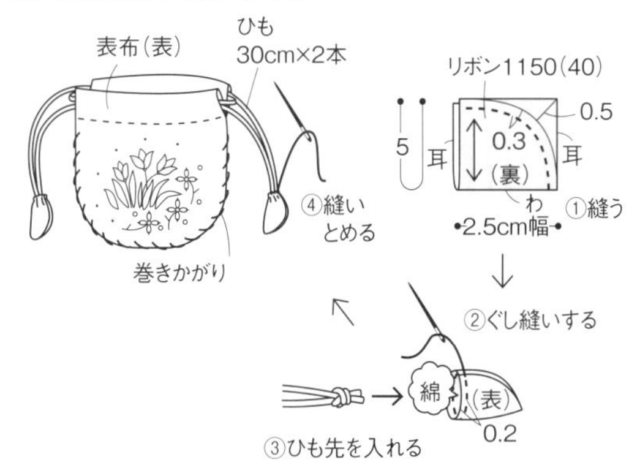

32,33. ニードルケース (82ページ)

実物大図案… 107ページ

材料<共通:1個分>… 表布(7.5cm幅シルクモアレリボン):40cm　内布(フラノウールこげ茶):8×40cm
針さし・ループ止め(フェルト):7×7cm　周囲飾り用・ループリボン:100cm
糸巻き通し用リボン(4mm幅):15cm　ピン小:1個
ボタン(直径1.3cm幅):1個　綿:適宜　刺しゅう用リボンと刺しゅう糸:図案参照

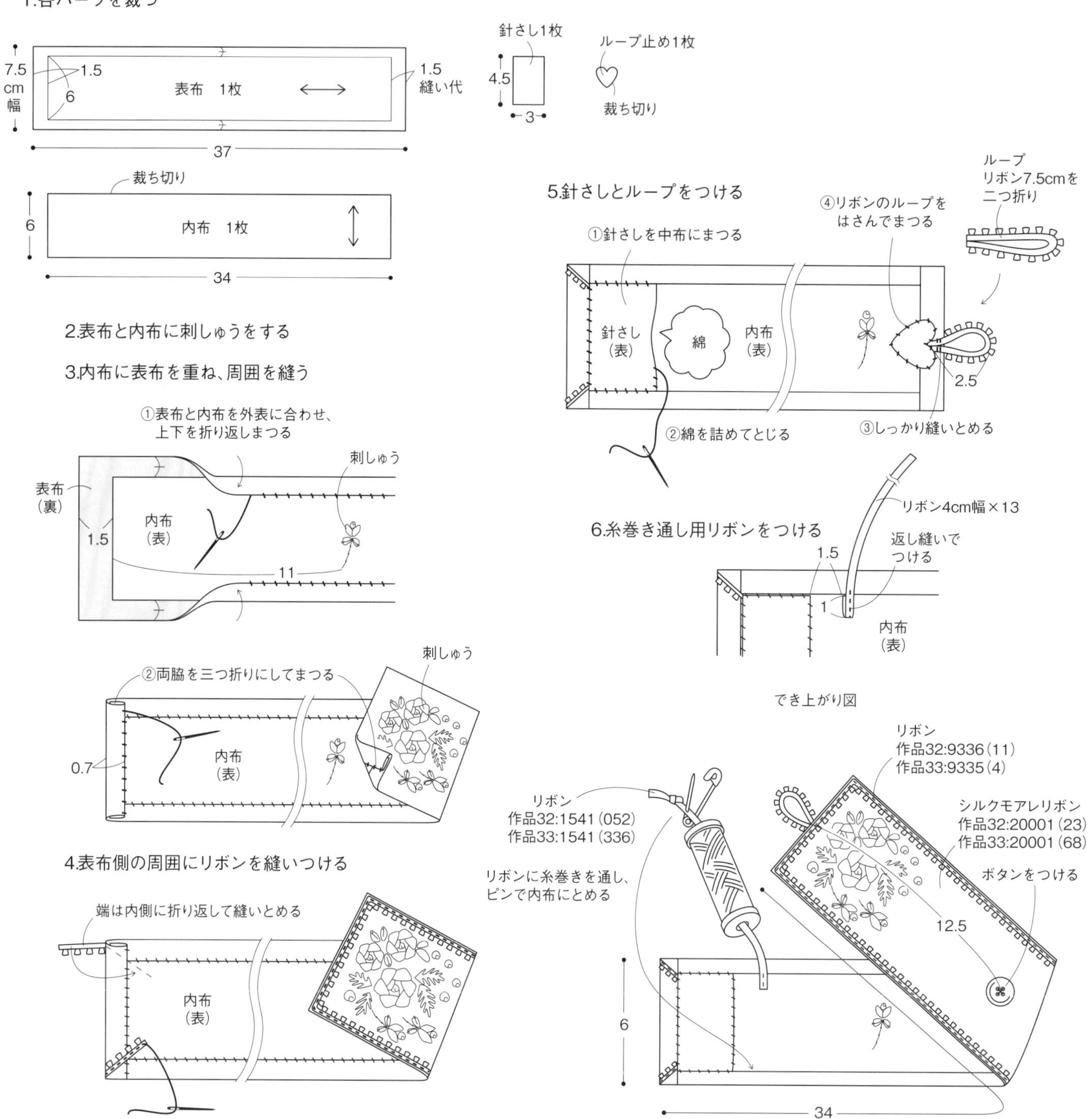

作品33 ニードルケース　実物大図案

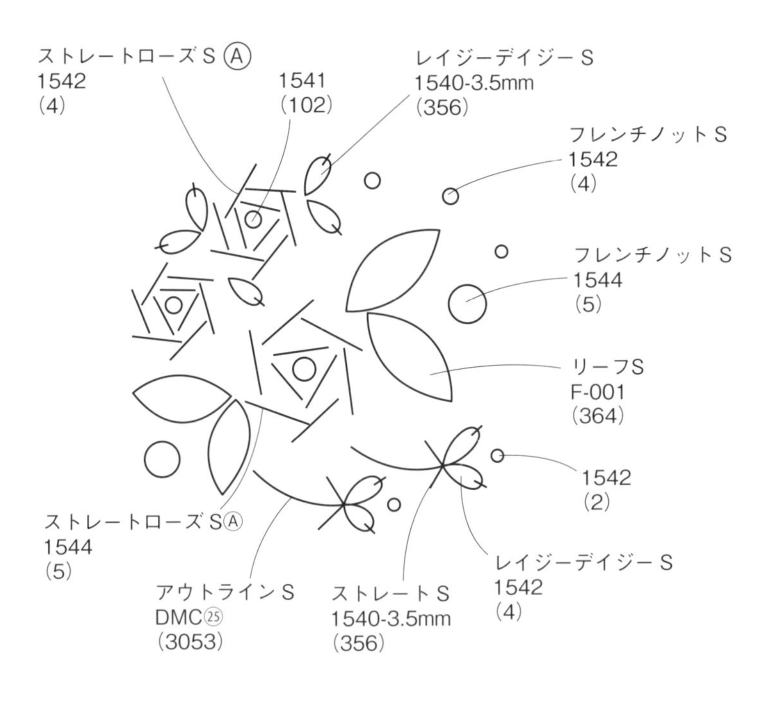

実物大型紙

作品32 ニードルケース　実物大図案

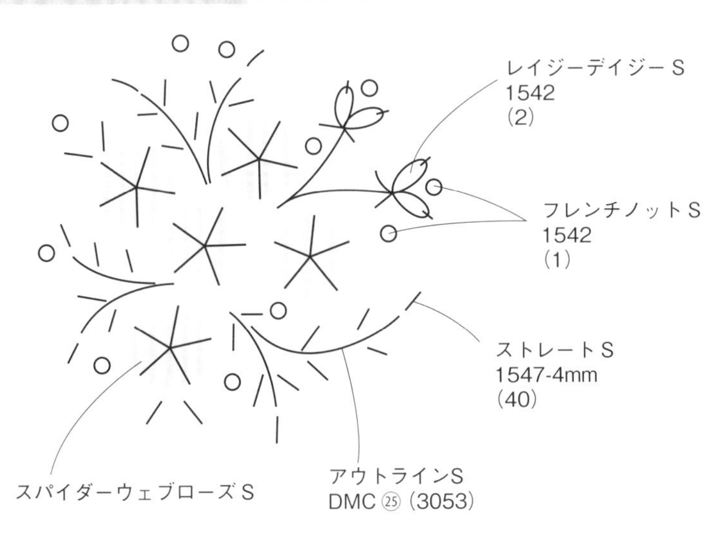

<作品 33　内側>

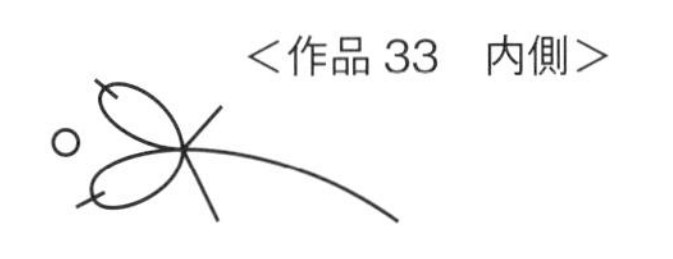

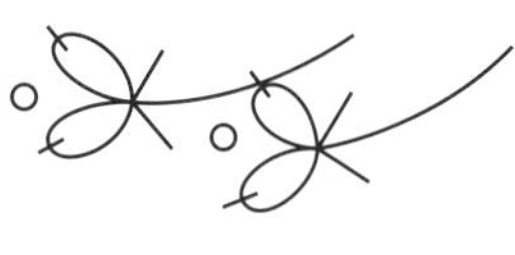

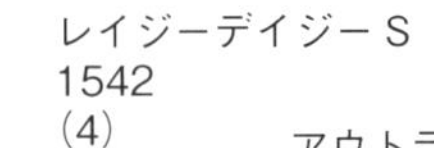

レイジーデイジーＳ
1542
(4)

アウトラインＳ
DMC㉕
(3053)

フレンチノットＳ
1542
(2)

ストレートＳ
1547-4mm
(40)

<作品 32　内側>

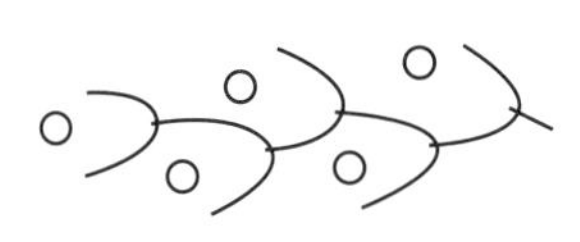

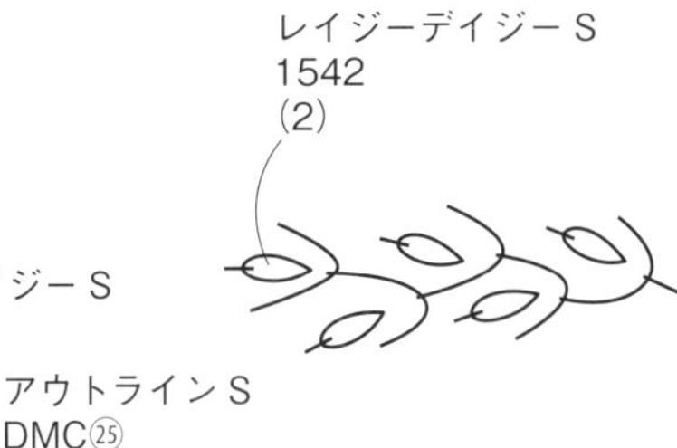

フレンチノットＳ
1542
(2)

フェザーＳ
1540-3.5
(356)

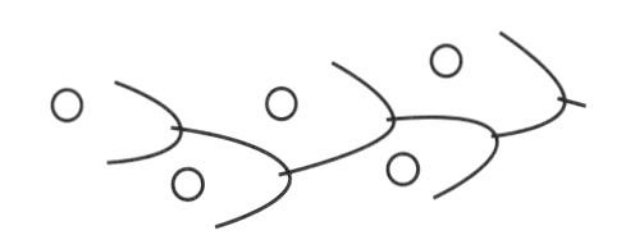

34. ミニ巾着 (82ページ)

実物大図案... 109ページ

材料... 本体・ひも先(10cm幅シルクモアレリボン):32cm　裏布(サテン白):15×25cm
リボン(3.5mm幅):50cm　ひも(メタリックコード):60cm　ビーズ・綿:各適宜
刺しゅう用リボンと刺しゅう糸:図案参照

1.各パーツを裁つ

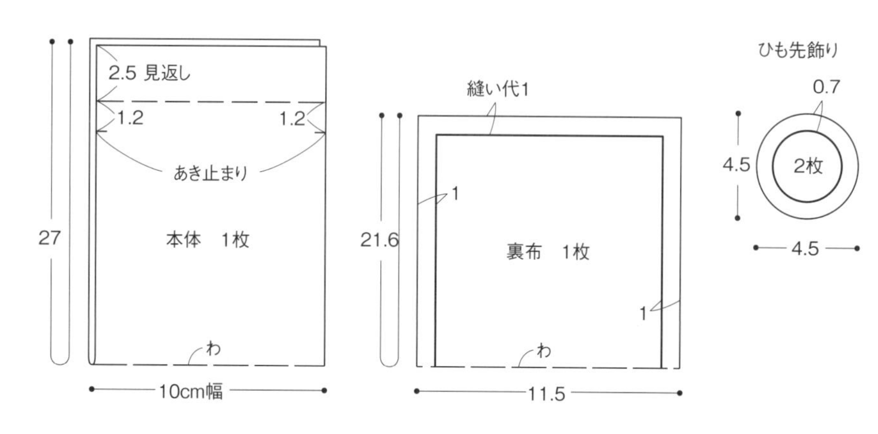

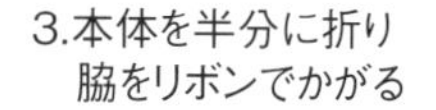
2.本体に刺しゅうをする

3.本体を半分に折り
脇をリボンでかがる

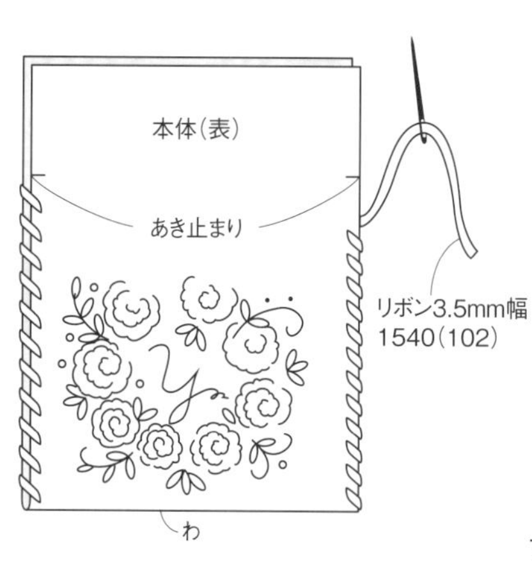

4.袋口を折り返し
ビーズをつける

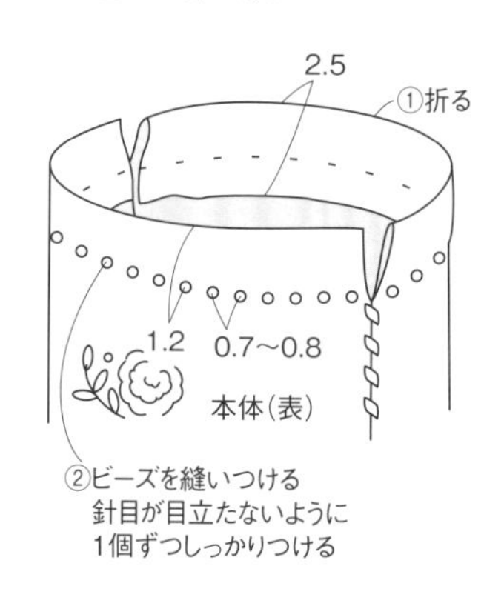

5.裏布を縫う

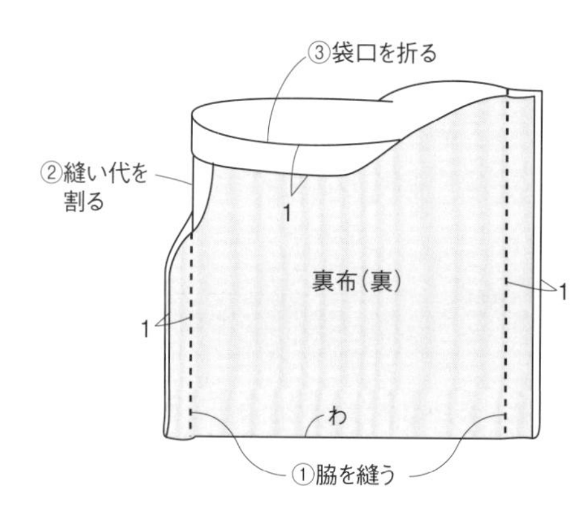

6.本体と裏布を外表に合わせ
袋口をまつる

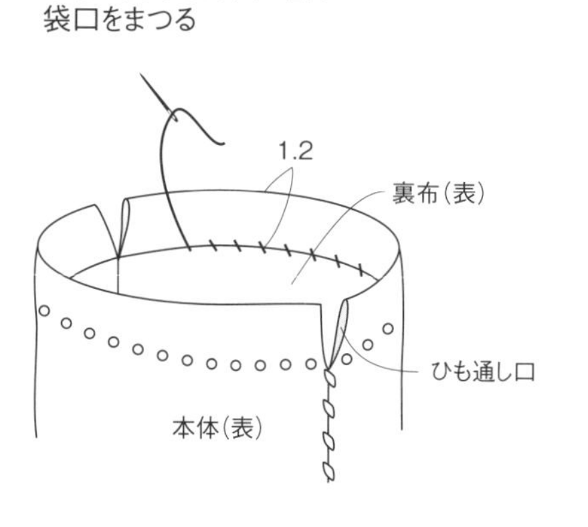

7.ひもを通し、ひも飾りをつける

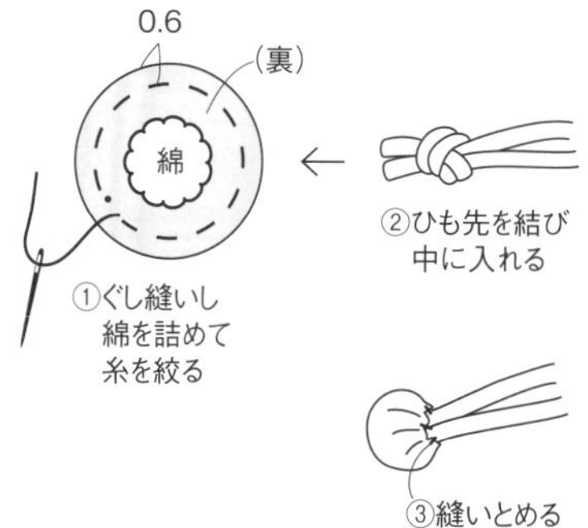

〈作品34〉
でき上がり図

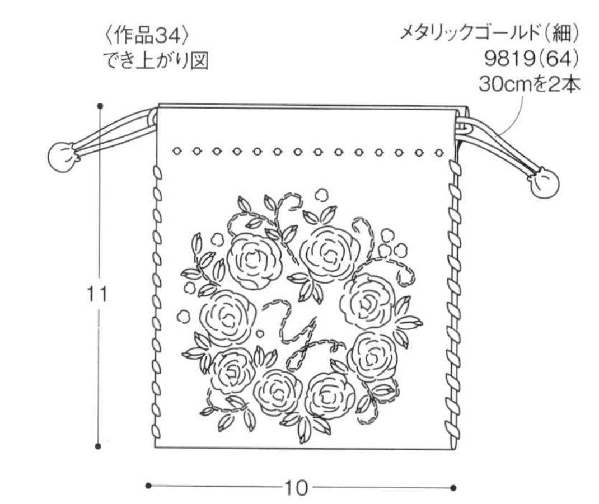

35. ミニ巾着 (82ページ)

実物大図案... 109ページ

材料... 本体・ひも先(10cm幅シルクモアレリボン):32cm　裏布(サテン白):15×25cm
リボン(3.5mm幅):50cm　ひも(メタリックコード):60cm　ビーズ・綿:各適宜
刺しゅう用リボンと刺しゅう糸:図案参照

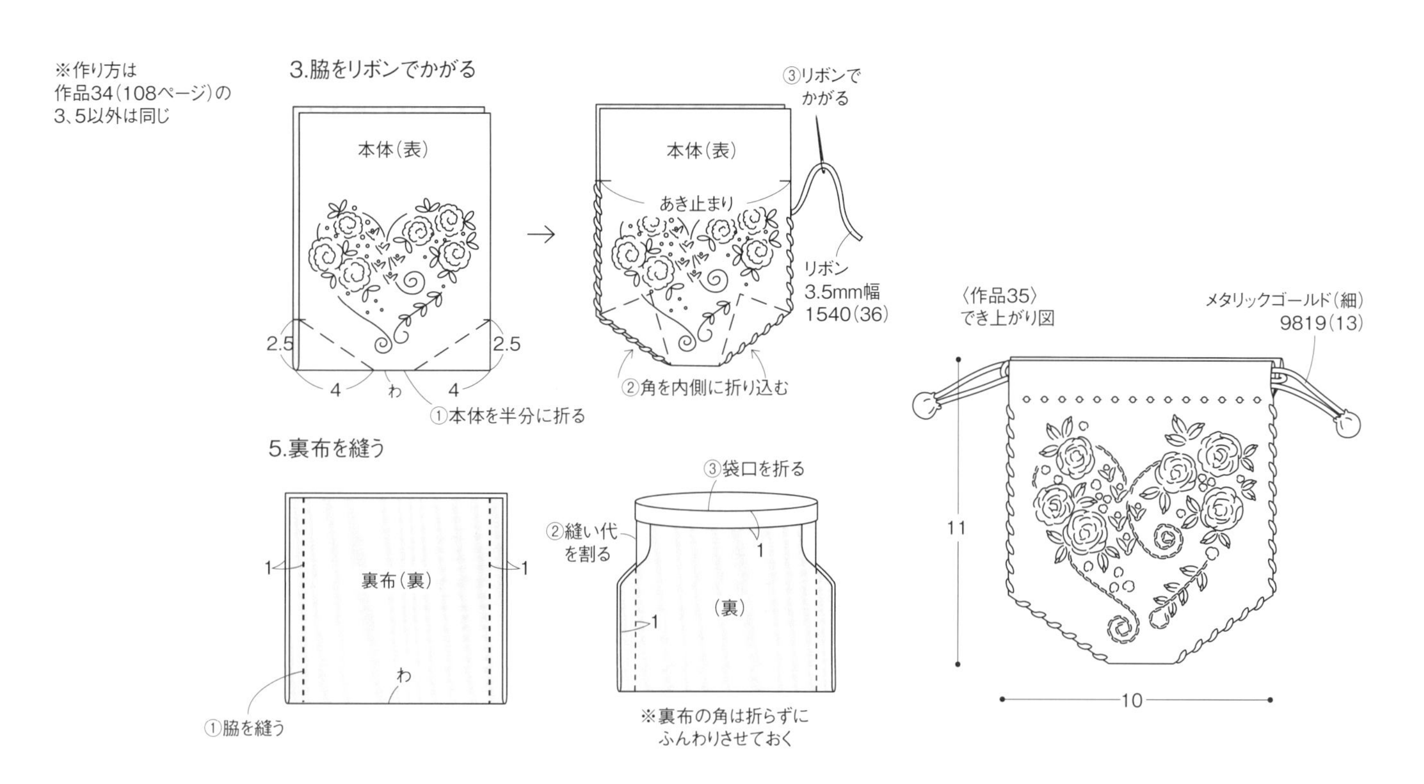

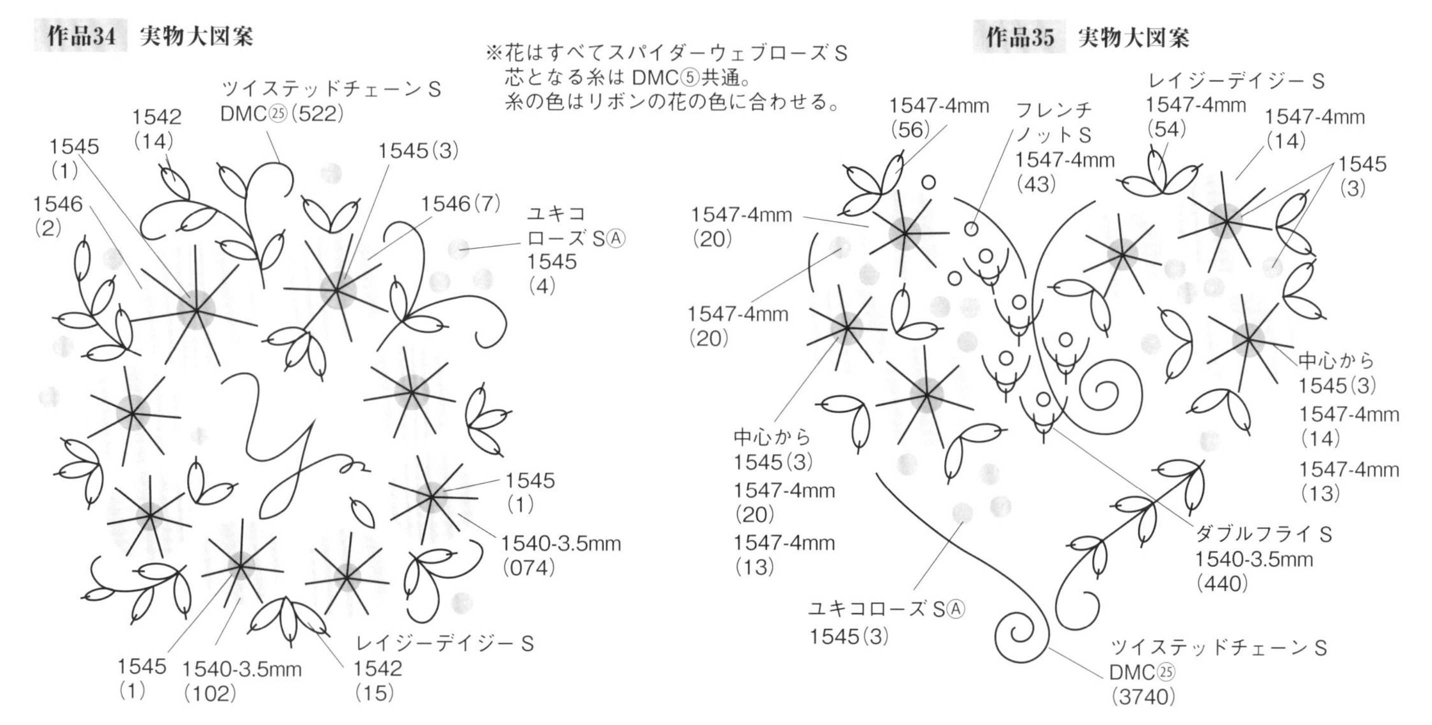

36,37. ソーイングケース&ピンクッション (83ページ)

実物大型紙・図案… 111ページ

材料＜ソーイングケース＞… 表側(10㎝幅シルクモアレリボン):30㎝
内側(ハートa・c～eフェルト淡ピンク):25×20㎝　ハートb(フェルト淡グリーン):10×10㎝
キルト綿:12×25㎝　サテンリボン(1㎝幅):70㎝／(0.4㎝幅):25㎝
リボン(3.5㎜幅No.1540):適宜　ビーズ小:適宜　綿:適宜
ウッドビーズ(直径1.6×1.7㎝):1個　安全ピン:1個　刺しゅう用リボンと刺しゅう糸:図案参照

材料＜ピンクッション:1個分＞… 表布(10㎝幅シルクモアレリボン):15㎝　縁・ループ(0.7㎝幅リボン):25㎝
綿:適宜　刺しゅう用リボンと刺しゅう糸:図案参照

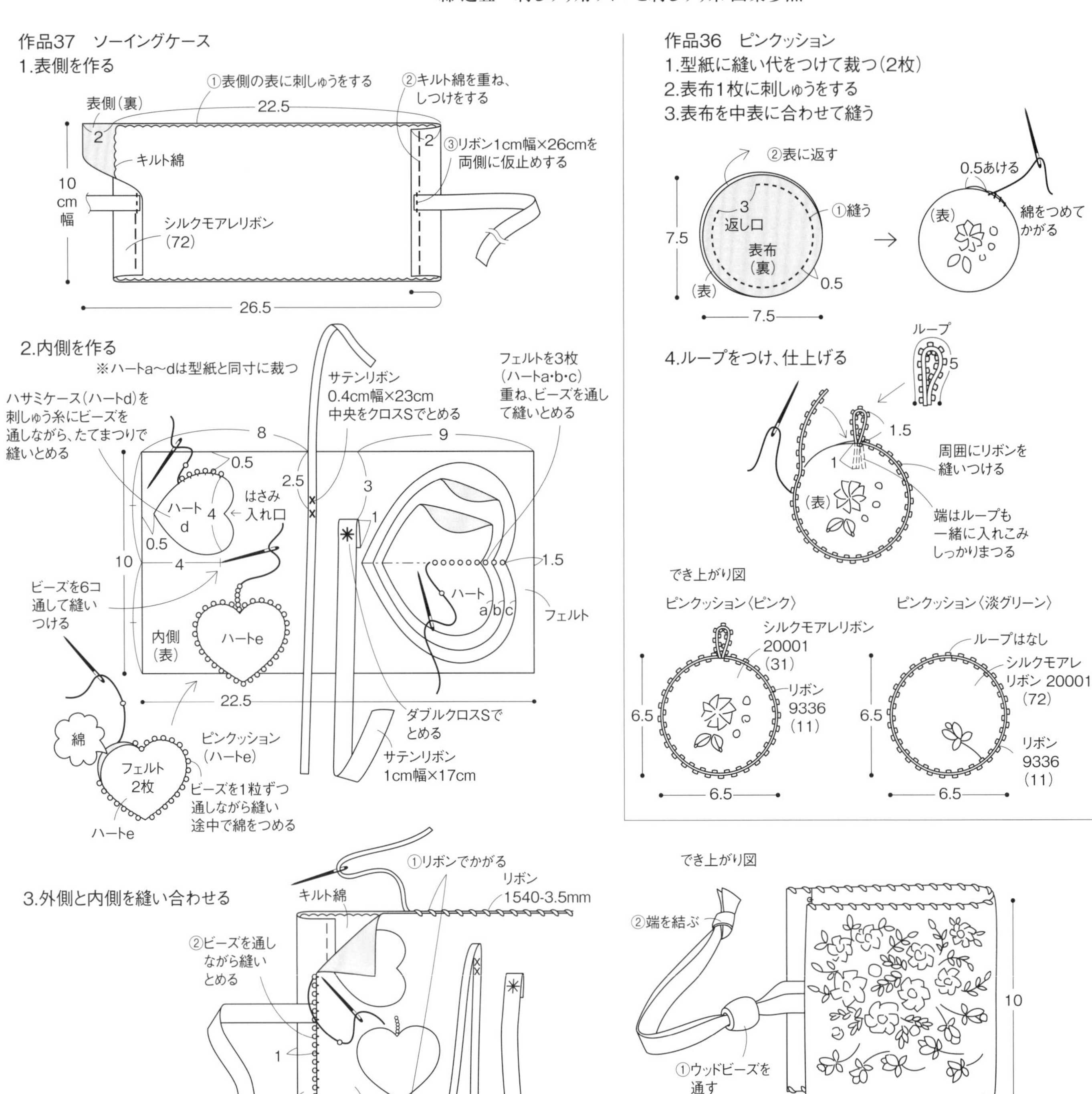

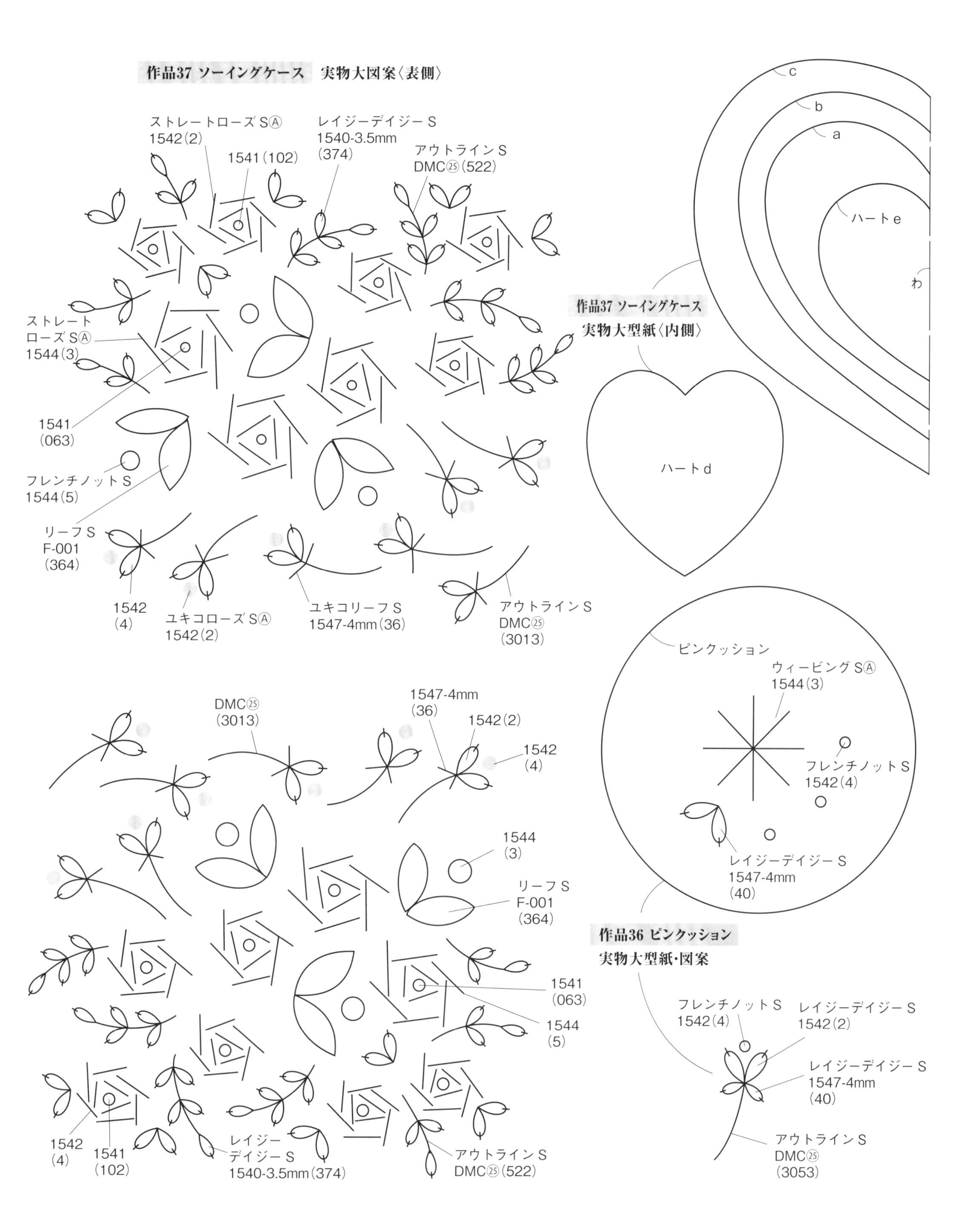

作品37 ソーイングケース　実物大図案〈表側〉
ストレートローズ SⒶ
1542(2)
1541(102)
レイジーデイジー S
1540-3.5mm
(374)
アウトライン S
DMC㉕(522)
ストレート
ローズ SⒶ
1544(3)
1541
(063)
フレンチノット S
1544(5)
リーフ S
F-001
(364)
1542
(4)
ユキコローズ SⒶ
1542(2)
ユキコリーフ S
1547-4mm(36)
アウトライン S
DMC㉕
(3013)
DMC㉕
(3013)
1547-4mm
(36)
1542(2)
1542
(4)
1544
(3)
リーフ S
F-001
(364)
1541
(063)
1544
(5)
1542
(4)
1541
(102)
レイジー
デイジー S
1540-3.5mm(374)
アウトライン S
DMC㉕(522)
c
b
a
ハート e
わ
作品37 ソーイングケース
実物大型紙〈内側〉
ハート d
ピンクッション
ウィービング SⒶ
1544(3)
フレンチノット S
1542(4)
レイジーデイジー S
1547-4mm
(40)
作品36 ピンクッション
実物大型紙・図案
フレンチノット S
1542(4)
レイジーデイジー S
1542(2)
レイジーデイジー S
1547-4mm
(40)
アウトライン S
DMC㉕
(3053)

小倉ゆき子 Yukiko Ogura

ニードルワーク・アーティスト。愛知県出身。
桑沢デザイン研究所卒業後、子供服デザイナーを経て、手芸デザイナーへ。刺しゅうをはじめとするニードルワークの分野で活躍。その作風は自由闊達、優雅な味わいを持ち、多くの刺しゅうファンを魅了する。フランスのテキスタイル・アーティスト ファニー・ヴィオレと、パリや東京他でコレスポンダンス展開催など、日本の枠を超えた柔軟な活動が注目を浴びている。数々の発想を生かした著書、個展多数。著書に「リボン刺しゅう」「リボン刺しゅうの本」「ビーズポイント刺しゅう」「優しいリボン刺しゅう」(小社)「リボンで作る花のアクセサリー」(NHK版)、「リボンワーク」「はじめてのビーズ刺しゅう」「ダイ・ステッチワーク」(雄鶏社)、「刺しゅうの本」「てぬぐいで作る小さなゆかた」(パッチワーク通信社)、「刺しゅうの基礎&ステッチ」(ブティック社)、「素敵に線刺繍」(文化出版局)、ファニー・ヴィオレとの共著に「てがみアート」(工作舎)等。

ギャルリ イグレック gallery Y [igrek]

ギャラリー、ミニショップ、ワークスペースを兼ねそなえたニードルワークファンスペースです。ショップではMOKUBAのリボンやDMC刺しゅう糸・アメリカから取り寄せためずらしいビーズやフランスのアンティークのスパンコールなどなど、小倉ゆき子先生が本・掲載誌等で使用している材料を取り揃えて販売しております。

営業時間　10:30〜18:00　日・月・火曜定休
住所　〒104-0041　東京都中央区新富1-4-1-2F
Tel 03-5542-3010　Fax 03-5542-3009
http://www.galerie-y.com

素材協力
クロバー株式会社
https://clover.co.jp/
大阪市東成区中道3-15-5
Tel 06-6978-2277(お客様係)

撮影協力
UTUWA
東京都渋谷区千駄ヶ谷3-50-11 明星ビルディング1F
Tel 03-6447-0070

Staff
ブックデザイン＿アベユキコ
撮影＿白井由香里　渡辺淑克(プロセス)
スタイリング＿田中まき子
作り方解説・トレース＿しかのるーむ
編集協力＿渡邉侑子
編集＿大島ちとせ　佐伯瑞代

ー増補改訂版ー
小倉ゆき子の
リボン刺しゅうの基礎BOOK
Ribbon Stitches

発行日／2019年12月31日
発行人／瀬戸信昭　　編集人／今 ひろ子
発行所／株式会社 日本ヴォーグ社
〒164-8705　東京都中野区弥生町5丁目6番11号
Tel 03-3383-0644（編集）　Tel 03-3383-0628（販売）　振替／00170-4-9877
出版受注センター／ Tel 03-3383-0650　Fax 03-3383-0680
印刷所／大日本印刷株式会社　Printed in Japan

NV70561　ISBN978-4-529-05950-3　C5077

日本ヴォーグ社関連情報はこちら
(出版、通信販売、通信講座、スクール・レッスン)
https://www.tezukuritown.com/ 手づくりタウン 検索

あなたに感謝しております　―We are grateful.―

手づくりの大好きなあなたが、この本をお選びくださいましてありがとうございます。内容はいかがでしたでしょうか?　本書が少しでもお役に立てば、こんなにうれしいことはありません。
日本ヴォーグ社では、手づくりを愛する方とのおつき合いを大切にし、ご要望におこたえする商品、サービスの実現を常に目標としています。
小社及び出版物について、何かお気付きの点やご意見がございましたら、何なりとお申し出ください。
そういうあなたに、私共は常に感謝しております。

株式会社日本ヴォーグ社社長　瀬戸信昭　　FAX 03-3383-0602